Oscar Wilde (Oscar Fingal O'Flahertie Wills Wilde), geboren am 16. Oktober 1854 in Dublin, ist am 30. November 1900 in einem Pariser Hotel gestorben.

»Bunbury« ist Oscar Wildes letzte, berühmteste und erfolgreichste Komödie. Sie kam erstmals am 14. Februar 1895 in der Inszenierung von George Alexander im Londoner St. James's Theatre zur Aufführung. Vier Jahre später erschien die erste Buchausgabe.

Schon im Titel spiegelt sich die Ironie dieses »leichten Stücks für ernsthafte Leute«: im Wortspiel zwischen »ernst« als Eigenschaft und »Ernst« als Name. Sie wird umgesetzt mit unwahrscheinlichen, kaum endenwollenden Verwechslungen und Verwicklungen. Zwei junge Herren, Dandys par excellence, haben sich zwei Phantasiegeschöpfe für ihre amourösen Eskapaden ausgedacht: Algernon den kränkelnden Freund »Bunbury« auf dem Lande und John den leichtlebigen Bruder »Ernest« in der Stadt. Da Cecily, Johns Mündel, und Gwendolen, Algernons Kusine, außerordentlichen Wert auf den Namen Ernst legen, machen sie schließlich auch die Wahl ihrer Ehekandidaten davon abhängig. Daraus entwickeln sich Kaskaden von Wirrnissen …

Hinter aller Leichtigkeit der Dialoge steht der Ernst von Oscar Wildes gesellschaftskritischer Persiflage der viktorianischen Mentalität mit ihrer heuchlerischen Fassade, der übersteigerten Wertschätzung von Rang, Namen und Herkunft. Wilde entlarvt hier – vergnüglich kaschiert – das Oberflächliche, Seichte und Unehrliche hinter der Fassade eines eingeübten Rollenspiels.

insel taschenbuch 2235
Oscar Wilde
Bunbury

OSCAR WILDE
BUNBURY

oder

WIE WICHTIG ES IST,
ERNST ZU SEIN

Ein leichtes Stück
für ernsthafte Leute

Aus dem Englischen von
Christine Hoeppener
Herausgegeben von
Norbert Kohl

Insel Verlag

Originaltitel:
The Importance of Being Earnest.
A Trivial Comedy for Serious People
(*Erstaufführung: London 1895*)

insel taschenbuch 2235
Erste Auflage 1998
© dieser Ausgabe:
Insel Verlag Frankfurt am Main und Leipzig 1998
© der Übersetzung:
Insel-Verlag Anton Kippenberg Leipzig, 1975
Alle Rechte vorbehalten
Hinweise zu dieser Ausgabe am Schluß des Bandes
Vertrieb durch den Suhrkamp Taschenbuch Verlag
Umschlag nach Entwürfen von Willy Fleckhaus
Satz: MZ-Verlagsdruckerei GmbH, Memmingen
Druck: Nomos Verlagsgesellschaft, Baden-Baden
Printed in Germany

2 3 4 5 6 – 03 02

INHALT

Für Robert Baldwin Ross
In Wertschätzung
In Zuneigung

BUNBURY

DIE PERSONEN DES STÜCKES

JOHN WORTHING, Friedensrichter, Manor House, Woolton, Hertfordshire

ALGERNON MONCRIEFF, sein Freund

KANONIKUS CHASUBLE, Dr. theol., Pfarrer von Woolton

MERRIMAN, Mr. Worthings Butler

LANE, Mr. Moncrieffs Diener

LADY BRACKNELL

DIE EHRENWERTE GWENDOLEN FAIRFAX, ihre Tochter

CECILY CARDEW, John Worthings Mündel

MISS PRISM, ihre Gouvernante

Ort der Handlung

I. AKT: Algernon Moncrieffs Wohnung in der Half Moon Street, [London], W.

II. Akt: Garten des Manor House, Woolton

III. Akt: »Morning-Room« im Manor House, Woolton

Zeit: Gegenwart [1895]

ERSTER AKT

Frühstückszimmer in Algernons Wohnung, Half-Moon Street. London-West. Der Raum ist luxuriös und mit künstlerischem Geschmack eingerichtet. Aus dem Nebenzimmer sind die Klänge eines Pianos zu hören. Lane deckt den Tisch zum Nachmittagstee, und nachdem die Musik verstummt ist, tritt Algernon ein.

ALGERNON: Haben Sie gehört, was ich spielte, Lane?

LANE: Ich hielt es nicht für höflich zu lauschen, Sir.

ALGERNON: Das bedaure ich, Ihretwegen. Ich spiele nicht akkurat – akkurat kann jeder spielen –, aber ich spiele mit wundervollem Ausdruck. Was das Piano betrifft, ist Gefühl meine starke Seite. Ich bewahre mir Kunst als Leben.

LANE: Sehr wohl, Sir.

ALGERNON: Und da wir gerade von Lebenskunst sprechen: haben Sie die Gurkensandwiches für Lady Bracknell bereit?

LANE: Ja, Sir.

ALGERNON: Hm. Wo sind sie?

LANE: Hier, Sir. *Zeigt den Teller.*

ALGERNON *besichtigt sie, nimmt zwei und setzt sich aufs Sofa:* Oh! ... Übrigens, Lane, ersehe ich aus Ihrem Abrechnungsbuch, daß am Donnerstagabend, als Lord Shoreman und Mr. Worthing bei mir speisten, acht Flaschen Champagner als getrunken eingetragen sind.

LANE: Ja, Sir, acht Flaschen und eine Pinte.

ALGERNON: Wie kommt es, daß die Bedienten in Junggesellenhaushalten unweigerlich Champagner trinken? Ich frage nur zur Information.

LANE: Ich schreibe es der besseren Qualität des Weines zu, Sir. Ich habe oft bemerkt, daß in ehelichen Haushalten der Champagner selten von erstklassiger Sorte ist.

ALGERNON: Du lieber Himmel! Ist die Ehe so demoralisierend?

LANE: Ich glaube, sie ist in der Tat ein sehr angenehmer Zustand. Ich selbst habe bislang noch sehr wenig Erfahrung darin. Ich bin erst ein einziges Mal verheiratet gewesen. Das geschah infolge eines Mißverständnisses zwischen mir und einer jungen Person.

ALGERNON *matt:* Ich glaube nicht, daß mich Ihr Familienleben sehr interessiert, Lane.

LANE: Nein, Sir, es ist kein sehr interessanter Gegenstand. Ich selbst denke nie daran.

ALGERNON: Das ist zweifellos ganz natürlich. Das genügt, Lane, danke.

LANE: Vielen Dank, Sir.

Lane geht hinaus.

ALGERNON: Lanes Ansichten über die Ehe erscheinen mir etwas lasch. Wahrhaftig, wenn uns die unteren Schichten kein gutes Beispiel geben, wozu in aller Welt sind sie dann nütze? Sie scheinen als Gesellschaftsklasse absolut kein Gefühl für moralische Verantwortung zu haben.

Lane erscheint

LANE: Mr. Ernst Worthing.

Jack tritt ein. Lane verschwindet.

ALGERNON: Wie geht es dir, mein lieber Ernst? Was führt dich nach London?

JACK: Oh! Vergnügen, Vergnügen! Was sonst sollte einen irgendwohin führen? Und du ißt wieder einmal, Algy, wie ich sehe.

ALGERNON *steif:* Mir scheint, in der guten Gesellschaft ist es Sitte, um fünf Uhr einen leichten Imbiß zu sich zu nehmen. Wo bist du seit letztem Donnerstag gewesen?

JACK *setzt sich aufs Sofa:* Oh, auf dem Land.

ALGERNON: Was in aller Welt machst du da?

JACK *zieht die Handschuhe aus:* Wenn man in der Stadt ist, vertreibt man sich die Zeit. Ist man auf dem Land, vertreibt man andern Leuten die Zeit. Das ist im höchsten Grade langweilig.

ALGERNON: Und wer sind die Leute, denen du die Zeit vertreibst?

JACK *leichthin:* Oh, Nachbarn, Nachbarn.

ALGERNON: Hast du nette Nachbarn in deiner Gegend von Shropshire?

JACK: Einfach gräßliche! Spreche nie mit einem von ihnen.

ALGERNON: Wie famos mußt du ihnen die Zeit vertreiben! *Geht hinüber und nimmt sich ein Sandwich.* Übrigens, Shropshire ist doch deine Grafschaft?

JACK: Wie? Shropshire? Ja, natürlich. Hallo! Warum all diese Tassen? Warum Gurkensandwiches? Warum so leichtsinnige Verschwendung bei einem so jungen Menschen? Wer kommt zum Tee?

ALGERNON: Ach, nur Tante Augusta und Gwendolen.

JACK: Wie ungemein erfreulich!

ALGERNON: Ja, das ist alles ganz gut und schön, aber ich fürchte, Tante Augusta wird nicht sehr von deiner Anwesenheit erbaut sein.

JACK: Darf ich fragen, warum?

ALGERNON: Mein lieber Junge, die Art und Weise, wie du mit Gwendolen flirtest, ist geradezu schandbar. Fast so arg, wie Gwendolen mit dir flirtet.

JACK: Ich habe mich in Gwendolen verliebt. Ich bin ausdrücklich deswegen nach London gekommen, um ihr einen Heiratsantrag zu machen.

ALGERNON: Ich dachte, du seist zum Vergnügen hergekommen? ... So was nenne ich Geschäft.

JACK: Wie entsetzlich unromantisch du bist!

ALGERNON: Ich sehe wahrhaftig nichts Romantisches an einem Heiratsantrag. Es ist sehr romantisch, verliebt zu sein. Aber ein eindeutiger Antrag hat nichts Romantisches. Es kann ja sein, daß man erhört wird. Ich glaube, das ist gewöhnlich der Fall. Dann ist der ganze Reiz vorbei. Das Wesentliche des Romantischen ist Ungewißheit. Wenn ich mich je verheirate, werde ich bestimmt versuchen, die Tatsache zu vergessen.

JACK: Daran zweifle ich nicht, lieber Algy. Das Scheidungsgericht ist eigens für Leute erfunden, deren Gedächtnis so merkwürdig beschaffen ist.

ALGERNON: Ach, es hat keinen Sinn, Betrachtungen darüber anzustellen. Scheidungen werden im Himmel beschlossen – *Jack streckt die Hand aus, um ein Sandwich zu nehmen. Algernon greift sofort ein.* Bitte rühr die Gurkensandwiches nicht an. Sie sind ausdrücklich für Tante Augusta bestellt. *Nimmt eins und ißt es.*

JACK: Du hast die ganze Zeit davon gegessen.

ALGERNON: Das ist etwas völlig anderes. Sie ist meine Tante. *Holt eine Platte von unten hervor.* Iß etwas Butterbrot. Das Butterbrot ist für Gwendolen. Gwendolen liebt Butterbrot.

JACK *geht zum Tisch und bedient sich:* Und es ist obendrein ganz vortreffliches Butterbrot.

ALGERNON: Mein lieber Junge, du brauchst dich nicht darauf zu stürzen, als wolltest du alles aufessen. Du benimmst dich, als wäret ihr bereits verheiratet. Du bist noch nicht mit ihr verheiratet, und ich glaube nicht, daß du es je sein wirst.

JACK: Was in aller Welt willst du damit sagen?

ALGERNON: Nun, erstens heiraten Mädchen nie die Männer, mit denen sie flirten. Das halten Mädchen nicht für richtig.

JACK: Ach, das ist Blödsinn!

ALGERNON: Mitnichten. Es ist eine bedeutende Wahrheit. Es erklärt die unheimliche Menge von Junggesellen, die man überall antrifft. Zweitens gebe ich nicht meine Einwilligung.

JACK: Deine Einwilligung!

ALGERNON: Mein lieber Junge, Gwendolen ist meine Kusine ersten Grades. Und ehe ich dir erlaube, sie zu heiraten, mußt du erst den Fall ›Cecily‹ klären. *Algernon läutet.*

JACK: Cecily? Was in aller Welt meinst du? Was meinst du mit Cecily, Algy? Ich kenne niemanden namens Cecily. *Lane erscheint.*

ALGERNON: Bringen Sie mir das Zigarettenetui, das Mr. Worthing, als er das letzte Mal hier speiste, im Rauchzimmer zurückließ.

LANE: Sehr wohl, Sir. *Lane geht hinaus.*

JACK: Soll das heißen, daß du die ganze Zeit mein Zigarettenetui gehabt hast? Ich wünschte zum Himmel, du hättest es mir mitgeteilt. Ich habe deswegen irrsinnige Briefe an Scotland Yard geschrieben. Ich war drauf und dran, eine hohe Belohnung zu bieten.

ALGERNON: Ich wünschte, du tätest es. Zufällig bin ich gerade in größerer Verlegenheit als gewöhnlich.

JACK: Es ist doch sinnlos, jetzt, da sich das Ding eingefunden hat, eine hohe Belohnung zu bieten.

Lane tritt ein mit dem Zigarettenetui auf einem Präsentierteller. Algernon nimmt es sofort. Lane geht ab.

ALGERNON: Ich muß schon sagen, das finde ich recht schäbig von dir, Ernst. *Öffnet das Etui und untersucht es.* Allerdings macht es nichts aus, denn da ich mir jetzt die Widmung auf der Innenseite betrachte, stelle ich fest, daß dir das Ding überhaupt nicht gehört.

JACK: Natürlich gehört es mir. *Geht auf ihn zu.* Hundertmal hast du es bei mir gesehen, und du hast keinerlei Recht zu lesen, was drinnen steht. Es ist im höchsten Grade unfein, ein privates Zigarettenetui zu lesen.

ALGERNON: Ach, eine strenge und unumstößliche Regel, was man lesen sollte und was nicht, ist albern. Man sollte alles lesen. Mehr als die Hälfte unserer heutigen Bildung verdanken wir dem, was man nicht lesen sollte.

JACK: Dessen bin ich mir völlig bewußt, und ich gedenke nicht, über unsere heutige Bildung zu diskutieren. Das ist nichts der Art, worüber man im Vertrauen reden sollte. Ich möchte einfach mein Zigarettenetui zurückhaben.

ALGERNON: Schön, aber es ist nicht dein Zigarettenetui. Dieses Zigarettenetui ist ein Geschenk von einer ›Cecily‹, und du hast behauptet, daß du niemanden dieses Namens kennst.

JACK: Also, wenn du es wissen willst, zufällig ist Cecily meine Tante.

ALGERNON: Deine Tante?

JACK: Jawohl. Überdies eine reizende alte Dame. Wohnt in Tunbridge Wells. Gib es mir zurück, Algy.

ALGERNON *zieht sich hinter das Sofa zurück:* Aber warum nennt sie sich ›kleine Cecily‹, wenn sie deine Tante ist und in Tunbridge Wells wohnt? *Liest.* ›Von der kleinen Cecily mit innigsten Grüßen.‹

JACK *geht zum Sofa und kniet sich darauf:* Mein lieber Junge, was in aller Welt ist schon dabei? Manche Tanten sind groß, manche Tanten sind nicht groß. Das ist eine Sache, die selbst zu entscheiden einer Tante doch zweifellos gestattet werden kann. Du scheinst zu glauben, daß jede Tante haargenau sein sollte wie deine Tante! Das ist absurd! Gib mir um Himmels willen mein Zigarettenetui zurück. *Verfolgt Algernon rund um das Zimmer.*

ALGERNON: Ja, aber warum nennt dich deine Tante ihren Onkel? ›Von der kleinen Cecily mit innigsten Grüßen ihrem Onkel Jack.‹ Ich gebe zu, es ist nichts dagegen einzuwenden, daß eine Tante eine kleine Tante ist, aber warum eine Tante, einerlei wie groß sie sein mag, ihren Neffen ihren Onkel nennen sollte, kann ich nicht recht verstehen. Außerdem heißt du gar nicht Jack, sondern Ernst.

JACK: Ich heiße nicht Ernst, ich heiße Jack.

ALGERNON: Du hast mir immer gesagt, dein Name sei Ernst. Jedermann habe ich dich als Ernst vorgestellt. Du hörst auf den Namen Ernst. Du siehst aus, als hießest du Ernst. Du bist der ernstaussehendste Mensch, den ich je in meinem Leben erblickt habe. Es ist doch einfach absurd von dir, zu behaupten, dein Name sei nicht Ernst. Er steht auf deinen Visitenkarten. Hier ist eine. *Nimmt sie aus dem Behälter.* ›Mr. Ernst Worthing, B. 4, The Albany, West.‹ Die hebe ich mir als Beweis dafür auf, daß du Ernst heißt, falls du je versuchen solltest, es mir oder Gwendolen oder sonst jemand gegenüber abzustreiten. *Steckt die Visitenkarte in die Tasche.*

JACK: Also gut, in der Stadt bin ich Ernst und auf dem Lande Jack, und das Zigarettenetui wurde mir auf dem Lande geschenkt.

ALGERNON: Das erklärt aber immer noch nicht den Umstand, daß deine kleine Tante Cecily, die in Tunbridge Wells wohnt, dich ihren lieben Onkel nennt. Vorwärts, alter Freund, nur immer heraus damit, das ist das beste.

JACK: Mein lieber Algy, du redest genau wie ein Zahnarzt. Es ist roh, wie ein Zahnarzt zu reden, wenn man kein Zahnarzt ist. Das erzeugt eine falsche Wirkung.

ALGERNON: Genau das, was Zahnärzte stets tun. Und nun weiter. Erzähl mir die ganze Sache. Ich darf erwähnen, daß ich dich immer im Verdacht gehabt habe, heimlich ein überzeugter Bunburyist zu sein, und jetzt bin ich dessen völlig sicher.

JACK: Ein Bunburyist? Was in aller Welt meinst du mit einem Bunburyisten?

ALGERNON: Die Bedeutung dieses unvergleichlichen Ausdrucks werde ich dir verraten, sobald du mir freundlicherweise mitgeteilt hast, warum du in der Stadt Ernst und auf dem Lande Jack bist.

JACK: Na schön, aber rück erst mein Zigarettenetui heraus.

ALGERNON: Hier ist es. *Reicht ihm das Zigarettenetui.*

Und jetzt rück mit deiner Erklärung heraus, und laß sie bitte unwahrscheinlich klingen. *Setzt sich aufs Sofa.*

JACK: Mein lieber Junge, an meiner Erklärung ist überhaupt nichts Unwahrscheinliches. Sie ist tatsächlich ganz und gar alltäglich. Der alte Mr. Thomas Cardew, der mich unter ziemlich sonderbaren Umständen adoptierte, als ich noch ein kleiner Junge war, und mir all das Geld hinterließ, das ich besitze, bestimmte mich in seinem Testament zum Vormund seiner Enkelin, Miss Cecily Cardew. Cecily, die mich aus Motiven der Hochachtung, die du vermutlich nicht zu würdigen weißt, ihren Onkel nennt, lebt in meinem Wohnsitz auf dem Lande unter der Obhut ihrer bewundernswerten Gouvernante, Miss Prism.

ALGERNON: Wo befindet sich, nebenbei bemerkt, dieser Wohnsitz auf dem Lande?

JACK: Das geht dich nichts an, lieber Junge. Du wirst dorthin nicht eingeladen werden ... Ich kann dir offen sagen, daß er sich nicht in Shropshire befindet.

ALGERNON: Das habe ich vermutet, alter Freund! Ich habe bei zwei verschiedenen Gelegenheiten ganz Shropshire abgebunburyt. Nun weiter. Warum bist du Ernst in der Stadt und Jack auf dem Lande?

JACK: Mein lieber Algy, ich weiß nicht, ob du meine wahren Beweggründe verstehen wirst. Dazu mangelt es dir wohl am nötigen Ernst. Wenn man in die Stellung eines Vormundes versetzt wird, muß man sich in allen Dingen einen hochmoralischen Ton zu eigen machen. Man hat die Pflicht, es zu tun. Und da man von einem hochmoralischen Ton kaum behaupten kann, daß er der Gesundheit oder dem Glück sehr förderlich ist, habe ich, um nach London zu fahren, stets die Existenz eines jüngeren Bruders mit Namen Ernst vorgeschoben, der in The Albany wohnt und in ganz fürchterliche Patschen gerät. Das, mein lieber Algy, ist die ganze reine und einfache Wahrheit.

ALGERNON: Die Wahrheit ist selten rein und niemals einfach. Unser heutiges Leben wäre sonst sehr langweilig und unsere moderne Literatur schlechterdings eine Unmöglichkeit!

JACK: Das wäre gar nicht so übel.

ALGERNON: Literaturkritik ist nicht deine Stärke, alter Junge. Versuch dich nicht darin. Du solltest sie Leuten überlassen, die nicht die Universität besucht haben. Die machen das so schön in den Tageszeitungen. In Wahrheit bist du ein Bunburyist. Ich hatte ganz recht, als ich sagte, du seist ein Bunburyist. Du bist einer der fortgeschrittensten Bunburyisten, die ich kenne.

JACK: Was zum Teufel meinst du?

ALGERNON: Du hast einen höchst brauchbaren jüngeren Bruder namens Ernst erfunden, damit du die Möglichkeit hast, sooft du willst, nach London zu fahren. Ich habe einen unschätzbaren Dauerkranken namens Bunbury erfunden, damit ich die Möglichkeit habe, wann ich will, aufs Land zu fahren. Bunbury ist einfach unschätzbar. Wenn Bunburys Gesundheit nicht so ungemein angegriffen wäre, könnte ich zum Beispiel heute abend nicht mit dir im Savoy speisen, denn ich bin wahrhaftig seit mehr als einer Woche zu Tante Augusta eingeladen.

JACK: Ich habe dich nicht gebeten, heute abend irgendwo mit mir zu speisen.

ALGERNON: Ich weiß. Du bist unerhört nachlässig mit

deinen Einladungen. Das ist sehr dumm von dir. Nichts verärgert die Leute mehr, als wenn sie keine Einladungen erhalten.

JACK: Du solltest lieber bei deiner Tante Augusta essen.

ALGERNON: Ich habe nicht die geringste Absicht, dergleichen zu tun. Erstens habe ich am Montag bei ihr gegessen, und einmal in der Woche mit den eigenen Verwandten zu speisen genügt vollauf. Zweitens werde ich, wenn ich dort zum Dinner bin, stets als Familienmitglied behandelt und darf entweder überhaupt keine Frau oder gleich zwei zu Tisch führen. Drittens weiß ich genau, neben wen sie mich heute abend setzen will. Sie wird mich neben Mary Farquhar setzen, die immer über den Tisch hinweg mit ihrem eigenen Mann flirtet. Das ist nicht sehr angenehm. Es ist in der Tat nicht einmal anständig … und dergleichen nimmt ja ungeheuer zu. Es ist einfach skandalös, wie viele Frauen in London mit ihren eigenen Ehemännern flirten. Es wirkt so anstößig. So als wüsche man seine saubere Wäsche in aller Öffentlichkeit. Abgesehen davon möchte ich, da ich nun weiß, daß du ein eingefleischter Bunbury bist, mit dir über das Bunburyen reden. Ich möchte dich mit den Regeln bekannt machen.

JACK: Ich bin keineswegs ein Bunburyist. Wenn mich Gwendolen erhört, werde ich meinen Bruder umbringen, wirklich, ich denke, ich werde ihn auf jeden Fall umbringen. Cecily interessiert sich etwas zu sehr für ihn. Das ist recht verdrießlich. Also muß ich mich von Ernst befreien. Und ich rate dir nachdrücklich, dasselbe zu tun mit Mr. …, mit deinem kranken Freund, der diesen albernen Namen hat.

ALGERNON: Nichts wird mich bewegen, mich von Bunbury zu trennen, und wenn du jemals heiratest, was mir äußerst problematisch erscheint, wirst du sehr froh sein, Bunbury zu kennen. Ein Mann, der heiratet, ohne Bunbury zu kennen, dem wird die Ehe höchst trist werden.

JACK: Unsinn! Wenn ich ein bezauberndes Mädchen wie Gwendolen heirate, und sie ist das einzige Mädchen, das ich je in meinem Leben sah und heiraten wollte, dann werde ich Bunbury bestimmt nicht kennenlernen wollen.

ALGERNON: Dann wird es deine Frau wollen. Du scheinst dir nicht klarzumachen, daß im Eheleben drei die Gemeinschaft ausmachen und mitnichten zwei.

JACK *sentenziös:* Das, mein lieber junger Freund, ist die Theorie, die uns in den letzten fünfzig Jahren von dem verderbten französischen Drama vorgesetzt wird.

ALGERNON: Ja, und das glückliche englische Heim hat sie in halb so langer Zeit bestätigt.

JACK: Um Himmels willen, versuch nicht, zynisch zu sein. Zynisch sein kann jeder.

ALGERNON: Alter Junge, heutzutage ist es durchaus nicht leicht, etwas zu sein. Überall macht sich schmutzige Konkurrenz breit. *Eine elektrische Klingel ist zu hören.* Ah! Das muß Tante Augusta sein. Nur Verwandte oder Gläubiger läuten in dieser Wagnerschen Lautstärke. Also, wenn ich sie für zehn Minuten weglotsen kann, damit du Gelegenheit hast, Gwendolen deinen Heiratsantrag zu machen, esse ich dann heute abend mit dir im Willis?

JACK: Vermutlich, wenn du es wünschst.

ALGERNON: Ja, aber es muß dir ernst damit sein. Ich hasse
Leute, denen es mit Mahlzeiten nicht ernst ist. Ich finde
es so oberflächlich von ihnen.

Lane erscheint

LANE: Lady Bracknell und Miss Fairfax.

*Algernon geht den Eintretenden, Lady Bracknell und
Gwendolen, entgegen.*

LADY BRACKNELL: Guten Tag, lieber Algernon, ich
hoffe, du beträgst dich sehr gut.

ALGERNON: Ich fühle mich sehr gut, Tante Augusta.

LADY BRACKNELL: Das ist nicht ganz dasselbe. Eigentlich gehen diese beiden Dinge selten Hand in Hand. *Erblickt Jack und neigt mit eisiger Kälte den Kopf gegen
ihn.*

ALGERNON *zu Gwendolen:* Meine Güte, bist du schick!

GWENDOLEN: Ich bin immer schick! Nicht wahr, Mr.
Worthing?

JACK: Sie sind einfach vollkommen, Miss Fairfax.

GWENDOLEN: Oh! Hoffentlich nicht. Es würde keinen
Raum für Entwicklungen lassen, und ich gedenke mich
nach vielen Richtungen hin zu entwickeln. *Gwendolen
und Jack setzen sich zusammen in eine Ecke.*

LADY BRACKNELL: Es tut mir leid, daß wir uns etwas ver-
spätet haben, Algernon, aber ich mußte unbedingt der
lieben Lady Harbury einen Besuch machen. Ich bin seit
dem Tod ihres armen Gatten nicht dort gewesen. Nie
habe ich eine Frau so verändert gesehen, sie sieht zwanzig Jahre jünger aus. Und jetzt möchte ich eine Tasse Tee
und eins von diesen delikaten Gurkensandwiches, die
du mir versprochen hast.

ALGERNON: Gewiß, Tante Augusta. *Geht zum Teetisch.*

LADY BRACKNELL: Möchtest du dich nicht hersetzen, Gwendolen?

GWENDOLEN: Vielen Dank, Mama, ich habe es hier ganz bequem.

ALGERNON *nimmt erschrocken den leeren Teller auf:* Du liebe Güte! Lane! Warum sind keine Gurkensandwiches da? Ich habe sie ausdrücklich bestellt.

LANE *würdevoll:* Es gab heute morgen keine Gurken auf dem Markt, Sir. Ich bin zweimal hingegangen.

ALGERNON: Keine Gurken!

LANE: Nein, Sir. Nicht mal für bares Geld.

ALGERNON: Das genügt, Lane, danke.

LANE: Vielen Dank, Sir. *Geht hinaus.*

ALGERNON: Ich bin ganz unglücklich, Tante Augusta, daß keine Gurken da waren, nicht mal für bares Geld.

LADY BRACKNELL: Es macht wirklich nichts aus, Algernon. Ich habe ein paar Teekuchen bei Lady Harbury gegessen, die jetzt völlig ihrem Vergnügen zu leben scheint.

ALGERNON: Wie ich höre, ist ihr Haar vor Kummer goldblond geworden.

LADY BRACKNELL: Zweifellos hat es die Farbe gewechselt. Aus welchem Anlaß, kann ich natürlich nicht sagen. *Algernon kommt und reicht ihr Tee.* Danke. Heute abend habe ich einen Hochgenuß für dich. Ich werde dich Mary Farquhar zu Tisch führen lassen. Sie ist eine so nette Frau und so aufmerksam gegen ihren Mann. Es ist ergötzlich, die beiden zu beobachten.

ALGERNON: Ich fürchte, Tante Augusta, ich werde trotz allem auf das Vergnügen verzichten müssen, heute abend bei dir zu speisen.

LADY BRACKNELL *runzelt die Stirn:* Ich hoffe, nicht, Algernon. Es würde meine Tischordnung völlig durcheinanderbringen. Dein Onkel müßte oben essen. Zum Glück ist er daran gewöhnt.

ALGERNON: Es ist sehr ärgerlich und, das brauche ich kaum zu erwähnen, eine große Enttäuschung für mich, aber Tatsache ist, daß ich soeben ein Telegramm mit der Nachricht erhalten habe, mein armer Freund Bunbury sei wieder sehr krank *Tauscht Blicke mit Jack.* Man scheint der Ansicht zu sein, ich sollte zu ihm fahren.

LADY BRACKNELL: Das ist sehr sonderbar. Dieser Mr. Bunbury leidet offenbar unter einer merkwürdig schlechten Gesundheit.

ALGERNON: Ja, der arme Bunbury ist furchtbar gebrechlich.

LADY BRACKNELL: Also, ich muß schon sagen, Algernon, ich finde, es ist höchste Zeit, daß sich Mr. Bunbury entschließt, ob er leben oder sterben will. Diese Unentschlossenheit in der Frage ist albern. Ich billige auch keineswegs dieses moderne Mitgefühl mit Kranken. Ich halte es für morbid. Krankheit, gleich welcher Art, ist schwerlich etwas, das man bei anderen ermutigen sollte. Gesundheit ist die erste Pflicht im Leben. Das sage ich immer deinem armen Onkel, aber er scheint nie viel Notiz davon zu nehmen ... soweit es irgendeine Besserung seiner Leiden betrifft. Aber ich wäre dir sehr verbunden, wenn du Mr. Bunbury in meinem Namen bitten würdest, er möchte so freundlich sein, am Sonnabend keinen Rückfall zu bekommen, denn ich verlasse mich auf dich, daß du mir das Konzert arrangierst. Es ist mein letzter Empfang, und man braucht etwas, das Gespräch aufzumöbeln, besonders zum Ende der Saison, wenn jeder tatsächlich gesagt hat, was er zu sagen hatte, was in den meisten Fällen wahrscheinlich nicht eben viel war.

ALGERNON: Ich werde mit Bunbury sprechen, Tante Augusta, wenn er noch bei Bewußtsein ist, und ich glaube, ich kann dir versprechen, daß er bis Sonnabend ganz in Ordnung ist. Das Konzert ist natürlich eine sehr mißliche Sache. Verstehst du, wenn man gute Musik spielt, hören die Leute nicht zu, und spielt man schlechte Musik, dann reden sie nicht. Aber ich werde das Programm durchsehen, das ich aufgestellt habe, wenn du freundlicherweise für einen Augenblick ins Nebenzimmer mitkommst.

LADY BRACKNELL: Vielen Dank, Algernon. Das ist sehr aufmerksam von dir. *Steht auf und folgt Algernon.* Ich bin überzeugt, das Programm wird nach einigen Berichtigungen reizend sein. Französische Lieder kann ich natürlich nicht gestatten. Die Leute scheinen immer zu glauben, daß sie unanständig sind, und sehen entweder schockiert aus, was gewöhnlich ist, oder lachen, und das ist schlimmer. Deutsch dagegen klingt nach einer durchaus ehrbaren Sprache, und ich glaube in der Tat, das ist sie auch. Gwendolen, du wirst mich begleiten.

GWENDOLEN: Gewiß, Mama.

Lady Bracknell und Algernon gehen ins Musikzimmer; Gwendolen bleibt zurück.

JACK: Ein bezaubernder Tag heute, Miss Fairfax.

GWENDOLEN: Bitte reden Sie mit mir nicht über das Wetter, Mr. Worthing. Wenn Leute mit mir über das Wetter reden, habe ich immer das ganz sichere Gefühl, daß sie etwas anderes sagen wollen. Und das macht mich so nervös.

JACK: Ich möchte tatsächlich etwas anderes sagen.

GWENDOLEN: Das dachte ich mir. Eigentlich irre ich mich nie.

JACK: Und es wäre mir lieb, wenn Sie mir gestatteten, Lady Bracknells vorübergehende Abwesenheit zu benutzen...

GWENDOLEN: Ich würde Ihnen bestimmt raten, es zu tun. Mama hat eine Art und Weise, unvermutet in ein Zimmer zurückzukommen, die mich schon oft veranlaßt hat, mit ihr darüber zu sprechen.

JACK *nervös:* Miss Fairfax, seit ich Ihnen begegnet bin, habe ich Sie mehr bewundert als irgendein Mädchen... dem ich je begegnet bin, seit... ich Ihnen begegnete.

GWENDOLEN: Ja, dessen bin ich mir völlig bewußt. Und ich wünschte oft, Sie hätten wenigstens in der Öffentlichkeit Ihre Gefühle deutlicher erkennen lassen. Für mich waren Sie stets von einem unwiderstehlichen Zauber. Noch ehe ich Ihnen begegnete, war ich weit davon entfernt, gleichgültig gegen Sie zu sein. *Jack blickt sie in höchstem Erstaunen an.* Wir leben, was Ihnen hoffentlich bekannt ist, Mr. Worthing, in einer Zeit der Ideale. Diese Tatsache wird ständig in den kostspieligeren Monatszeitschriften erwähnt und soll die Kanzeln in der Provinz erreicht haben, und mein Ideal war stets, jemanden mit dem Namen Ernst zu lieben. An dem Namen ist etwas, das unbedingtes Vertrauen einflößt. In dem Augenblick, da Algernon mir erzählte, er habe einen Freund namens Ernst, wußte ich, daß ich bestimmt war, Sie zu lieben.

JACK: Sie lieben mich wirklich, Gwendolen?

GWENDOLEN: Leidenschaftlich!

27

JACK: Liebling! Du weißt nicht, wie glücklich du mich gemacht hast.

GWENDOLEN: Mein einzig geliebter Ernst!

JACK: Aber du willst doch nicht wirklich behaupten, daß du mich nicht lieben könntest, wenn mein Name nicht Ernst wäre?

GWENDOLEN: Aber dein Name ist Ernst.

JACK: Ja, das weiß ich. Aber angenommen, es wäre ein anderer. Willst du behaupten, du könntest mich dann nicht lieben?

GWENDOLEN *zungenfertig:* Ach, das ist eindeutig eine metaphysische Spekulation und hat wie die meisten metaphysischen Spekulationen überhaupt sehr wenig Beziehung zu den tatsächlichen Umständen des wirklichen Lebens, wie wir sie kennen.

JACK: Ich persönlich, Liebling, um ganz offen zu sprechen, mache mir nicht viel aus dem Namen Ernst ... Ich glaube nicht, daß der Name überhaupt zu mir paßt.

GWENDOLEN: Er paßt vollendet zu dir. Es ist ein göttlicher Name. Er hat seine eigene Musik. Er erzeugt Schwingungen.

JACK: Also wirklich, Gwendolen, ich muß doch sagen, daß es meiner Ansicht nach massenhaft andere, viel hübschere Namen gibt. Ich halte zum Beispiel Jack für einen entzückenden Namen.

GWENDOLEN: Jack? ... Nein, in dem Namen Jack liegt wirklich sehr wenig Musik, wenn überhaupt. Er elektrisiert einen nicht. Er erzeugt entschieden keine Schwingungen ... Ich habe mehrere Jacks gekannt, und alle ohne Ausnahme waren ungewöhnlich simpel. Außerdem ist Jack eine allbekannte familiäre Abwandlung von John! Und ich bedaure jede Frau, die mit einem Mann namens John verheiratet ist. Sie müßte ein höchst langweiliges Leben führen. Wahrscheinlich würde ihr nie gestattet werden, das hinreißende Vergnügen eines einzigen Augenblickes der Einsamkeit kennenzulernen. Der einzige wirklich zuverlässige Name ist Ernst.

JACK: Gwendolen, ich muß mich umgehend taufen lassen – ich meine, wir müssen umgehend heiraten. Es ist keine Zeit zu verlieren.

GWENDOLEN: Heiraten, Mr. Worthing?

JACK *verblüfft:* Nun ... natürlich. Sie wissen, daß ich Sie liebe, und Sie haben mich glauben lassen, Miss Fairfax, daß ich Ihnen nicht völlig gleichgültig bin.

GWENDOLEN: Ich bete Sie an. Aber Sie haben mir bis jetzt noch keinen Heiratsantrag gemacht. Kein Wort ist über Heirat gefallen. Das Thema wurde nicht einmal berührt.

JACK: Also ... darf ich Ihnen jetzt meine Hand antragen?

GWENDOLEN: Ich denke, es wäre eine wundervolle Gelegenheit. Und um Ihnen jede mögliche Enttäuschung zu ersparen, Mr. Worthing, halte ich es nur für anständig, wenn ich Ihnen im voraus ganz offen sage, daß ich völlig entschlossen bin, Sie zu erhören.

JACK: Gwendolen!

GWENDOLEN: Ja, Mr. Worthing, was haben Sie mir zu sagen?

JACK: Sie wissen, was ich Ihnen zu sagen habe.

GWENDOLEN: Ja, aber Sie sagen es nicht.

JACK: Gwendolen, wollen Sie mich heiraten? *Sinkt auf die Knie.*

GWENDOLEN: Natürlich will ich, Liebling. Wie lange du

dazu gebraucht hast! Ich fürchte, du hast sehr wenig Erfahrung darin, wie man einen Heiratsantrag macht.

JACK: Meine einzig Geliebte, ich habe auf der Welt nie jemanden geliebt außer dir.

GWENDOLEN: Gut, aber Männer machen oft Heiratsanträge zur Übung. Ich weiß, daß mein Bruder Gerald es tut. All meine Freundinnen erzählen es mir. Was für wundervolle blaue Augen du hast, Ernst! Sie sind ganz, ganz blau. Ich hoffe, du wirst mich immer so ansehen, vor allem, wenn andere Leute dabei sind.
Lady Bracknell tritt ein.

LADY BRACKNELL: Mr. Worthing! Erheben Sie sich aus dieser halb liegenden Stellung, Sir. Sie ist höchst unschicklich.

GWENDOLEN: Mama! *Er versucht aufzustehen, sie hält ihn zurück.* Ich muß dich bitten, dich zu entfernen. Dies ist kein Ort für dich. Außerdem ist Mr. Worthing noch nicht ganz fertig.

LADY BRACKNELL: Darf ich fragen, womit?

GWENDOLEN: Ich habe mich mit Mr. Worthing verlobt, Mama. *Sie stehen zusammen auf.*

LADY BRACKNELL: Verzeihung, du bist mit niemand verlobt. Wenn du mit jemand verlobt wirst, werden ich oder dein Vater, sollte es ihm seine Gesundheit erlauben, dich von der Tatsache unterrichten. Eine Verlobung sollte über ein junges Mädchen als etwas Unerwartetes hereinbrechen, angenehm oder unangenehm, wie der Fall nun liegen mag. Sie ist schwerlich etwas, das man ihr selbst abzumachen gestatten könnte ... Und jetzt habe ich Ihnen, Mr. Worthing, ein paar Fragen zu stellen. Und während ich diese Erkundigungen einziehe, wirst du, Gwendolen, unten im Wagen auf mich warten.

GWENDOLEN *vorwurfsvoll:* Mama!

LADY BRACKNELL: Im Wagen, Gwendolen!

Gwendolen geht zur Tür. Sie und Jack werfen einander hinter Lady Bracknells Rücken Kußhände zu. Lady Bracknell blickt ungewiß um sich, als könne sie nicht begreifen, was für ein Geräusch das sei. Schließlich dreht sie sich um. Gwendolen, im Wagen!

GWENDOLEN: Ja, Mama. *Geht hinaus, wobei sie zu Jack zurückschaut.*

LADY BRACKNELL *setzt sich:* Sie können Platz nehmen, Mr. Worthing. *Sucht in ihrer Handtasche nach Notizbuch und Bleistift.*

JACK: Vielen Dank, Lady Bracknell, ich ziehe es vor zu stehen.

LADY BRACKNELL: *Bleistift und Notizbuch in der Hand:* Ich fühle mich verpflichtet, Ihnen zu sagen, daß Sie nicht auf meiner Liste heiratsfähiger junger Männer stehen, obwohl ich die gleiche Liste habe wie die liebe Herzogin von Bolton. Wir arbeiten tatsächlich Hand in Hand. Dennoch bin ich durchaus bereit, Ihren Namen einzutragen, sollten Ihre Antworten so ausfallen, wie es eine wirklich liebevolle Mutter verlangt. Rauchen Sie?

JACK: Nun ja, ich muß zugeben, daß ich rauche.

LADY BRACKNELL: Das freut mich zu hören. Ein Mann sollte stets irgendeine Beschäftigung haben. Es gibt viel zu viele untätige Männer in London. Wie alt sind Sie?

JACK: Neunundzwanzig

LADY BRACKNELL: Ein sehr gutes Alter zum Heiraten. Ich bin immer der Ansicht gewesen, daß ein Mann, der zu heiraten wünscht, entweder alles oder nichts wissen sollte. Was wissen Sie?

JACK *nach einigem Zögern:* Ich weiß nichts, Lady Bracknell.

LADY BRACKNELL: Ich bin erfreut, das zu hören. Ich billige nichts, was in die natürliche Unwissenheit hineinpfuscht. Unwissenheit ist wie eine zarte exotische Frucht, berühre sie, und die Blüte ist hin. Die ganze Theorie von moderner Erziehung ist von Grund auf ungesund. Zum Glück bringt wenigstens in England die Erziehung keinerlei Erfolg hervor. Wenn sie es täte, würde sie sich als eine ernste Gefahr für die oberen Schichten erweisen und wahrscheinlich zu Gewaltakten auf dem Grosvenor Square führen. Wie hoch ist Ihr Einkommen?

JACK: Zwischen sieben- und achttausend im Jahr.

LADY BRACKNELL *trägt eine Notiz in ihr Buch ein:* In Grundstücken oder Investitionen?

JACK: Hauptsächlich in Investitionen.

LADY BRACKNELL: Das ist zufriedenstellend. Teils wegen der Steuern, mit denen man zu Lebzeiten rechnen muß, teils wegen der Steuern, die einem nach dem Tode abgepreßt werden, haben Grundstücke aufgehört, ein Gewinn oder ein Vergnügen zu sein. Sie geben einem eine Position und hindern einen, sie aufrechtzuerhalten. Weiter ist über Grundstücke nichts zu sagen.

JACK: Ich besitze ein Landhaus, zu dem natürlich etwas Grund und Boden gehört, ungefähr fünfzehnhundert Acker, glaube ich; aber mein wirkliches Einkommen hängt nicht davon ab. Soweit ich feststellen kann, sind tatsächlich die Wilddiebe die einzigen Leute, die etwas davon haben.

LADY BRACKNELL: Ein Landhaus! Wie viele Schlafzimmer? Nun, der Punkt kann später geklärt werden. Sie haben doch hoffentlich auch ein Stadthaus? Von einem Mädchen mit so schlichtem, unverdorbenem Wesen wie Gwendolen könnte man kaum erwarten, daß sie auf dem Lande wohnt.

JACK: Nun, ich besitze ein Haus am Belgrave Square, aber es ist das Jahr über an Lady Bloxham vermietet. Natürlich kann ich es nach sechsmonatiger Kündigung jederzeit zurückhaben.

LADY BRACKNELL: Lady Bloxham? Kenne ich nicht.

JACK: Oh, sie geht sehr wenig aus. Sie ist eine Dame in erheblich vorgerücktem Alter.

LADY BRACKNELL: Ach, das ist heutzutage keine Garantie für Ehrbarkeit des Charakters. Welche Nummer am Belgrave Square?

JACK: 149.

LADY BRACKNELL *schüttelt den Kopf:* Die unmoderne Seite. Ich dachte mir schon, daß etwas dran ist. Doch das könnte leicht geändert werden.

JACK: Meinen Sie die Mode oder die Seite?

LADY BRACKNELL *streng:* Vermutlich beides, wenn nötig. Welche politische Gesinnung?

JACK: Nun ja, ich fürchte, ich habe eigentlich gar keine. Ich bin ein liberaler Unionist.

LADY BRACKNELL: Oh, die zählen zu den Tories. Sie speisen bei uns. Oder kommen wenigstens am Abend. Nun zu den weniger wichtigen Dingen. Leben Ihre Eltern?

JACK: Ich habe beide Eltern verloren.

LADY BRACKNELL: Beide? Einen von beiden zu verlieren mag als ein Unglücksfall betrachtet werden ... beide zu verlieren, das sieht nach Unachtsamkeit aus. Wer war Ihr Vater? Offenbar ein Mann von einem gewissen Wohlstand. Wurde er in dem geboren, was die radikalen Zeitungen den Purpur des Handels nennen, oder ist er aus den Reihen der Aristokratie aufgestiegen?

JACK: Das weiß ich leider wirklich nicht. Die Sache ist die, Lady Bracknell: ich habe gesagt, ich hätte meine Eltern verloren. Es käme jedoch der Wahrheit näher, wenn ich sagte, daß meine Eltern anscheinend mich verloren haben ... Ich weiß wahrhaftig nicht, wer ich von Geburt bin. Ich wurde ... nun ja, ich wurde gefunden.

LADY BRACKNELL: Gefunden!

JACK: Der verstorbene Mr. Thomas Cardew, ein alter Herr von sehr barmherzigem und gütigem Wesen, fand mich und gab mir den Namen Worthing, weil er damals zufällig ein Erster-Klasse-Billet nach Worthing in der Tasche hatte. Worthing ist ein Ort in Sussex. Ein Seebad.

LADY BRACKNELL: Wo hat der barmherzige Herr mit dem Erster-Klasse-Billet nach diesem Seebad Sie gefunden?

JACK *feierlich:* In einer Handtasche.

LADY BRACKNELL: Einer Handtasche?

JACK *sehr ernst:* Ja, Lady Bracknell. Ich war in einer Handtasche – einer ziemlich umfangreichen, schwarzledernen Handtasche mit Henkeln dran – tatsächlich einer gewöhnlichen Handtasche.

LADY BRACKNELL: In welcher Örtlichkeit stieß dieser Mr. James oder Thomas Cardew auf diese gewöhnliche Handtasche?

JACK: In der Gepäckaufbewahrung des Victoria-Bahnhofs. Sie wurde ihm versehentlich statt seiner eigenen ausgehändigt.

34

LADY BRACKNELL: In der Gepäckaufbewahrung des Victoria-Bahnhofs?

JACK: Ja. Die Linie nach Brighton.

LADY BRACKNELL: Die Linie ist unwesentlich. Mr. Worthing, ich gestehe, daß ich mich etwas verwirrt fühle von dem, was Sie mir soeben erzählt haben. Geboren oder jedenfalls aufgezogen zu werden in einer Handtasche, ob sie nun Henkel hat oder nicht, scheint mir eine Verachtung der üblichen Wohlanständigkeiten des Familienlebens zu offenbaren, die mich an die schlimmsten Ausschreitungen der Französischen Revolution erinnert. Und vermutlich wissen Sie, wozu diese unselige Bewegung führte? Was die merkwürdige Örtlichkeit betrifft, wo die Handtasche gefunden wurde, eine Gepäckaufbewahrung auf einer Eisenbahnstation, könnte dazu dienen, eine gesellschaftliche Unbedachtsamkeit zu verheimlichen – ist wahrscheinlich schon früher zu diesem Zweck benutzt worden –, könnte jedoch schwerlich als eine sichere Grundlage für eine anerkannte Stellung in der guten Gesellschaft angesehen werden.

JACK: Darf ich Sie dann fragen, was Sie mir zu tun raten würden? Ich brauche kaum zu erwähnen, daß ich alles auf der Welt täte, um Gwendolens Glück zu sichern.

LADY BRACKNELL: Ich würde Ihnen nachdrücklich raten, Mr. Worthing, daß Sie sich so bald wie möglich ein paar Verwandte zu erwerben suchen und eine entschiedene Anstrengung machen, ehe die Saison ganz vorüber ist, auf jeden Fall einen Verwandten, einerlei welchen Geschlechts, vorzuzeigen.

JACK: Ich sehe nicht, wie ich das ermöglichen könnte. Ich

kann jederzeit die Handtasche vorzeigen. Sie steht zu Hause in meinem Ankleidezimmer. Ich finde wirklich, das sollte Ihnen genügen, Lady Bracknell.

LADY BRACKNELL: Mir, Sir? Was hat das mit mir zu tun? Sie werden sich doch wohl nicht einbilden, ich und Lord Bracknell würden auch nur im Traum daran denken, unserer einzigen Tochter – einem mit der äußersten Sorgfalt erzogenen Mädchen – zu gestatten, daß sie in eine Gepäckaufbewahrung heiratet und ein Ehebündnis mit einem Gepäckstück schließt. Guten Morgen, Mr. Worthing!

Lady Bracknell fegt in majestätischer Entrüstung hinaus.

JACK: Guten Morgen!

Algernon stimmt im Nebenzimmer den Hochzeitsmarsch an. Jack geht in höchster Wut zur Tür.

JACK: Spiel um Himmels willen nicht dieses gräßliche Stück, Algy! Wie idiotisch du bist!

Die Musik hört auf, und Algernon tritt fröhlich ein.

ALGERNON: Ist nicht alles prächtig vonstatten gegangen, alter Junge? Du willst doch wohl nicht sagen, daß dir Gwendolen einen Korb gegeben hat? Ich weiß, das hat sie so an sich. Immer teilt sie Körbe aus. Ich finde das sehr boshaft.

JACK: Oh, mit Gwendolen ist alles in schönster Ordnung. Soweit es sie betrifft, sind wir verlobt. Aber ihre Mutter ist einfach unerträglich. Bin nie einer solchen Gorgo begegnet … Ich weiß nicht genau, wie eine Gorgo ist, aber ich bin ganz sicher, Lady Bracknell ist eine. Auf jeden Fall ist sie ein Ungeheuer, ohne ein Mythos zu sein, was ziemlich abscheulich ist … Entschuldige, Algy, eigentlich sollte ich vor dir nicht auf diese Weise über deine eigene Tante reden.

ALGERNON: Mein lieber Junge, ich höre es liebend gern, wenn meine Verwandten geschmäht werden. Es ist das einzige, was mich überhaupt mit ihnen auskommen läßt. Verwandte sind einfach eine langweilige Bande von Leuten, die nicht im entferntesten wissen, wie man leben muß, und nicht den geringsten Instinkt besitzen, wann man zu sterben hat.

JACK: Ach, das ist Unsinn!

ALGERNON: Mitnichten!

JACK: Na schön, ich will darüber nicht streiten. Du willst immer über alle möglichen Dinge streiten.

ALGERNON: Aber genau dafür sind die Dinge ursprünglich geschaffen.

JACK: Ehrenwort, wenn ich das glaubte, würde ich mich erschießen ... *Pause.* Meinst du, es besteht die Möglichkeit, daß Gwendolen in etwa hundertfünfzig Jahren wie ihre Mutter wird, Algy?

ALGERNON: Alle Frauen werden wie ihre Mutter. Das ist ihre Tragödie. Kein Mann wird es. Das ist seine.

JACK: Ist das geistreich?

ALGERNON: Es ist vollendet ausgedrückt! Und genauso wahr wie jede Bemerkung im zivilisierten Leben sein sollte.

JACK: Ich bin dieser Geistreichelei sterbensüberdrüssig. Jeder ist heutzutage geistreich. Du kannst nirgendwohin gehen, ohne geistreiche Leute zu treffen. Das ist förmlich zu einer öffentlichen Plage geworden. Ich wünschte zum Himmel, wir hätten noch ein paar Dummköpfe übrigbehalten.

ALGERNON: Haben wir.

JACK: Es wäre mir ungemein lieb, ihnen zu begegnen. Worüber reden sie?

ALGERNON: Die Dummköpfe? Oh! Natürlich über die geistreichen Leute.

JACK: Diese Dummköpfe!

ALGERNON: Hast du übrigens Gwendolen die Wahrheit darüber erzählt, daß du in der Stadt Ernst und auf dem Lande Jack bist?

JACK *in sehr gönnerhaftem Ton:* Mein lieber Junge, die Wahrheit ist nicht gerade das, was man einem hübschen, süßen, gebildeten Mädchen erzählt. Welch merkwürdige Vorstellungen du über die Art und Weise hast, wie man sich gegen eine Frau benimmt!

ALGERNON: Die einzige Art und Weise, sich gegen eine Frau zu benehmen, ist die, ihr den Hof zu machen, wenn sie hübsch ist, und einer anderen, wenn sie häßlich ist.

JACK: Ach, das ist Blödsinn.

ALGERNON: Was ist mit deinem Bruder, was ist mit dem liederlichen Ernst?

JACK: Oh, meinen Bruder werde ich noch vor Ende der Woche los sein. Ich werde sagen, daß er in Paris an einem Schlaganfall starb. Eine Masse Leute sterben plötzlich an Schlaganfall, nicht wahr?

ALGERNON: Ja, aber das ist erblich, mein lieber Junge. Es gehört zu den Sachen, die in der Familie liegen. Sag, eine schwere Erkältung. Das geht.

JACK: Bist du sicher, daß eine schwere Erkältung nicht erblich oder sonst so was Schreckliches ist?

ALGERNON: Natürlich ist sie's nicht.

JACK: Also gut denn. Mein Bruder Ernst verstirbt plötzlich an einer schweren Erkältung in Paris. Das wäre erledigt.

ALGERNON: Aber mir scheint, du sagtest ..., Miss Cardew interessiere sich etwas zu sehr für deinen armen Bruder Ernst? Wird ihr sein Verlust nicht sehr nahegehen?

JACK: Ach, das ist schon in Ordnung. Cecily ist kein albernes, romantisches Mädchen, kann ich zum Glück behaupten. Sie hat einen ausgezeichneten Appetit, macht lange Spaziergänge und schenkt ihrem Unterricht überhaupt keine Aufmerksamkeit.

ALGERNON: Ich würde Cecily eigentlich gern mal sehen.

JACK: Ich werde mächtig aufpassen, daß es nie geschieht. Sie ist ausnehmend hübsch und gerade erst achtzehn.

ALGERNON: Hast du Gwendolen schon erzählt, daß du ein ausnehmend hübsches Mündel von gerade erst achtzehn hast?

JACK: Bei solchen Dingen fällt man ja den Leuten nicht mit der Tür ins Haus. Cecily und Gwendolen werden sich ganz bestimmt sehr gut befreunden. Ich wette um alles, was du willst, daß sie einander eine halbe Stunde nach dem Kennenlernen Schwester nennen werden.

ALGERNON: Das tun Frauen nur, wenn sie einander vorher mit allerlei anderen Namen belegt haben. Aber, mein lieber Junge, wenn wir wirklich einen guten Tisch im Willis haben wollen, müssen wir jetzt gehn und uns umziehen. Weißt du, daß es kurz vor sieben ist?

JACK *gereizt:* Ach, es ist immer kurz vor sieben!

ALGERNON: Schön, aber ich habe Hunger.

JACK: Ich wüßte nicht, wann du keinen hättest ...

ALGERNON: Was sollen wir nach dem Essen tun? In ein Theater gehn?

JACK: Bewahre! Ich verabscheue es zuzuhören.

ALGERNON: Also dann in den Klub?

JACK: Bewahre! Ich hasse es zu reden.

ALGERNON: Wir könnten ja auch um zehn ins Empire reinschauen?

JACK: Bewahre! Ich kann es nicht ertragen zuzusehen. Es ist so albern.

ALGERNON: Was sollen wir dann tun?

JACK: Nichts!

ALGERNON: Es ist fürchterlich schwere Arbeit, nichts zu tun. Doch ich habe nichts gegen schwere Arbeit, wenn sie keinerlei bestimmten Zweck hat …

Lane tritt ein.

LANE: Miss Fairfax.

Gwendolen tritt ein. Lane geht hinaus.

ALGERNON: Gwendolen, ich muß schon sagen!

GWENDOLEN: Kehr dich freundlicherweise um, Algy. Ich habe Mr. Worthing etwas ganz Besonderes zu sagen.

ALGERNON: Wirklich, Gwendolen, ich glaube nicht, daß ich dies überhaupt gestatten kann.

GWENDOLEN: Du nimmst stets eine entschieden unmoralische Haltung gegen das Leben ein, Algy. Dafür bist du noch nicht alt genug.

Algernon zieht sich zum Kamin zurück.

JACK: Mein einziger Liebling!

GWENDOLEN: Ernst, wir werden vielleicht nie heiraten. Nach dem Ausdruck auf Mamas Gesicht fürchte ich, daß es nie dazu kommen wird. Wenige Eltern nehmen heutzutage Rücksicht auf das, was ihnen ihre Kinder sagen. Der altmodische Respekt vor der Jugend stirbt fast aus. Was ich je an Einfluß auf Mama besaß, verlor ich im

Alter von drei Jahren. Aber wenn sie uns vielleicht auch hindert, Mann und Frau zu werden, und ich vielleicht einen anderen heirate und oft heirate, nichts, was sie tun mag, kann meine ewige Liebe zu dir ändern.

JACK: Liebe Gwendolen!

GWENDOLEN: Die Geschichte deiner romantischen Herkunft, wie Mama sie mir mit unfreundlichen Kommentaren erzählte, hat natürlich die tieferen Kräfte meiner Natur aufgerührt. Dein Taufname besitzt einen unwiderstehlichen Zauber. Die Naivität deiner Persönlichkeit macht dich mir im höchsten Grade unbegreiflich. Deine Londoner Adresse in The Albany habe ich. Wie ist deine Adresse auf dem Land?

JACK: The Manor House, Woolton, Hertfordshire.

Algernon, der aufmerksam gelauscht hat, lächelt vor sich hin und schreibt die Adresse auf seine Manschette. Dann greift er nach dem Kursbuch.

GWENDOLEN: Ich nehme an, dort gibt es einen guten Postdienst? Es kann unerläßlich werden, etwas Verwegenes zu tun. Das wird natürlich ernsthafte Überlegung erfordern. Ich werde täglich mit dir in Verbindung bleiben.

JACK: Meine einzig Geliebte!

GWENDOLEN: Wie lange bleibst du in London?

JACK: Bis Montag.

GWENDOLEN: Gut! Algy, du darfst dich jetzt umdrehen.

ALGERNON: Danke, ich habe mich bereits umgedreht.

GWENDOLEN: Du darfst auch läuten.

JACK: Du erlaubst doch, daß ich dich zum Wagen bringe, mein einziger Liebling?

GWENDOLEN: Natürlich!

JACK *zu Lane, der eintritt:* Ich werde Miss Fairfax hinausgeleiten.

LANE: Sehr wohl, Sir.

Jack und Gwendolen gehen hinaus. Lane reicht Algernon auf einem Präsentierteller mehrere Briefe. Es ist zu vermuten, daß es Rechnungen sind, da Algernon sie nach einem Blick auf den Umschlag zerreißt.

ALGERNON: Ein Glas Sherry, Lane.

LANE: Ja, Sir.

ALGERNON: Morgen, Lane, werde ich bunburyen.

LANE: Ja, Sir.

ALGERNON: Wahrscheinlich werde ich erst Montag zurückkommen. Sie können meine Abendanzüge, das Smokingjackett und alle Bunburyanzüge einpacken …

LANE: Sehr wohl, Sir. *Reicht ihm Sherry.*

ALGERNON: Ich hoffe, morgen ist schönes Wetter, Lane.

LANE: Das trifft nie ein, Sir.

ALGERNON: Lane, Sie sind ein ausgemachter Pessimist.

LANE: Ich tue mein Bestes, zufriedenzustellen, Sir.

Jack erscheint. Lane verschwindet.

JACK: Welch ein vernünftiges, verständiges Mädchen! Das einzige Mädchen, an dem mir je in meinem Leben gelegen war. *Algernon lacht unmäßig.* Worüber in aller Welt bist du so vergnügt?

ALGERNON: Oh, ich bin etwas besorgt um den armen Bunbury, weiter nichts.

JACK: Wenn du nicht achtgibst, wird dich dein Freund Bunbury eines Tages in eine gefährliche Patsche bringen.

ALGERNON: Ich liebe Patschen. Sie sind das einzige, was nie gefährlich ist.

JACK: Ach, das ist Unsinn, Algy. Du redest nie etwas anderes als Unsinn.

ALGERNON: Niemand tut je etwas anderes.

Jack sieht ihn entrüstet an und verläßt das Zimmer. Algernon zündet sich eine Zigarette an, liest seine Manschette und lächelt.

ZWEITER AKT

Garten in Manor House, Woolton. Eine Flucht grauer Steinstufen führt zum Haus hinauf. Der Garten, ein altmodischer, ist voller Rosen. Es ist Juli. Korbsessel und ein mit Büchern bedeckter Tisch stehen unter einer großen Eibe. Man sieht Miss Prism am Tisch sitzen. Cecily gießt im Hintergrund Blumen.

MISS PRISM *ruft:* Cecily! Cecily! Eine solche dem Nützlichkeitsprinzip huldigende Beschäftigung wie das Blumengießen ist doch gewiß eher Moultons Pflicht als die Ihre? Vor allem in einem Augenblick, da geistige Freuden Ihrer harren. Ihre Deutsche Grammatik liegt auf dem Tisch. Bitte öffnen Sie dieselbe auf Seite fünfzehn. Wir wollen die Lektion von gestern wiederholen.

CECILY *kommt sehr langsam herbei:* Aber ich mag Deutsch nicht. Es ist so gar keine kleidsame Sprache. Ich weiß genau, daß ich nach meinem Deutschunterricht ganz häßlich aussehe.

MISS PRISM: Kind, Sie wissen doch, wie besorgt Ihr Vormund ist, daß Sie sich auf jede Weise vervollkommnen. Er hat besonderes Gewicht auf Ihr Deutsch gelegt, als

43

er gestern nach London fuhr. Freilich legt er stets Gewicht auf Ihr Deutsch, wenn er nach London fährt.

CECILY: Der liebe Onkel Jack ist so überaus ernst! Manchmal ist er so ernst, daß ich denke, er kann nicht ganz gesund sein.

MISS PRISM *reckt sich empor:* Ihr Vormund erfreut sich der besten Gesundheit, und die ernste Würde seines Benehmens ist bei einem verhältnismäßig so jungen Manne wie ihm besonders zu rühmen. Ich kenne niemanden, der ein erhabeneres Gefühl für Pflicht und Verantwortung hat.

CECILY: Das ist vermutlich der Grund, warum er oft etwas gelangweilt aussieht, wenn wir drei beisammen sind.

MISS PRISM: Cecily! Sie befremden mich. Mr. Worthing hat viele Sorgen in seinem Leben. Nichtige Fröhlichkeit und Trivialität wären in seinem Gespräch nicht am Platze. Sie dürfen nicht seine beständige Unruhe um diesen unglücklichen jungen Mann, seinen Bruder, vergessen.

CECILY: Ich wünschte, Onkel Jack würde diesem unglücklichen jungen Mann, seinem Bruder, erlauben, daß er zuweilen herkommt. Wir hätten vielleicht einen guten Einfluß auf ihn. Sie bestimmt, davon bin ich überzeugt. Sie können Deutsch und Geologie, und dergleichen Dinge üben einen großen Einfluß auf einen jungen Mann aus. *Sie beginnt, in ihr Tagebuch zu schreiben.*

MISS PRISM *schüttelt den Kopf:* Ich glaube, nicht einmal ich könnte auf seinen Charakter einwirken, der unverbesserlich schwach und wankelmütig ist, wie sein eigener Bruder zugibt. In der Tat bin ich nicht sicher, ob ich es wünschen würde, ihn zu bekehren. Ich bin nicht eingenommen von dieser modernen Manie, schlechte Leute im Handumdrehn in gute umzuwandeln. Wie der Mensch sät, so soll er ernten. Sie müssen Ihr Tagebuch beiseite legen, Cecily. Ich sehe wahrhaftig nicht ein, warum Sie überhaupt ein Tagebuch führen sollten.

CECILY: Ich führe ein Tagebuch, um die wundervollen Geheimnisse meines Lebens einzutragen. Schriebe ich sie nicht auf, würde ich wahrscheinlich alles wieder vergessen.

MISS PRISM: Gedächtnis, meine liebe Cecily, ist das Tagebuch, das wir alle bei uns tragen.

CECILY: Ja, aber gewöhnlich verzeichnet es die Dinge, die nie geschehen sind und vermutlich nie hätten geschehen können. Ich glaube, das Gedächtnis ist verantwortlich für fast alle dreibändigen Romane, die uns Mudie schickt.

MISS PRISM: Sprechen Sie nicht geringschätzig vom dreibändigen Roman, Cecily. Ich habe in jüngeren Jahren selbst einen geschrieben.

CECILY: Wirklich, Miss Prism? Wie wunderbar gescheit Sie sind! Er hat doch hoffentlich nicht glücklich geendet? Romane, die glücklich enden, mag ich nicht. Sie deprimieren mich so sehr.

MISS PRISM: Die Guten enden glücklich und die Schlechten unglücklich. Das ist der Sinn der Dichtung.

CECILY: Vermutlich. Aber es erscheint mir sehr ungerecht. Und wurde Ihr Roman je veröffentlicht?

MISS PRISM: Leider nein! Das Manuskript wurde unglücklicherweise liegengelassen. *Cecily stutzt.* Ich gebrauche das Wort im Sinne von verloren oder verlegt. Für Ihre Arbeit, Kind, sind diese Spekulationen ohne Nutzen.

45

CECILY *lächelnd:* Aber ich sehe den lieben Doktor Chasuble durch den Garten kommen.

MISS PRISM *steht auf und geht ihm entgegen:* Doktor Chasuble! Das ist in der Tat eine Freude.

Kanonikus Chasuble erscheint.

CHASUBLE: Und wie geht es uns heute morgen? Miss Prism, Sie befinden sich hoffentlich wohl?

CECILY: Miss Prism hat soeben über leichtes Kopfweh geklagt. Ich glaube, es würde ihr so gut tun, einen kleinen Spaziergang mit Ihnen im Park zu machen, Doktor Chasuble.

MISS PRISM: Ich habe nichts von Kopfweh erwähnt, Cecily.

CECILY: Nein, liebe Miss Prism, ich weiß, aber ich habe instinktiv gefühlt, daß Sie Kopfweh haben. Tatsächlich dachte ich daran und nicht an meinen Deutschunterricht, als der Pfarrherr kam.

CHASUBLE: Ich hoffe, Cecily, Sie sind nicht unaufmerksam.

CECILY: Oh, ich fürchte, doch.

CHASUBLE: Das ist sonderbar. Wäre ich so glücklich, Miss Prisms Schüler zu sein, dann würde ich an ihren Lippen hängen. *Miss Prism blickt zürnend.* Ich habe metaphorisch gesprochen. Meine Metapher war von den Bienen abgeleitet. Hm! Mr. Worthing ist vermutlich noch nicht aus London zurück?

MISS PRISM: Wir erwarten ihn nicht vor Montag nachmittag.

CHASUBLE: Ach ja, er pflegt den Sonntag gern in London zu verbringen. Er gehört nicht zu jenen, deren einziges Ziel Vergnügen ist, wie es nach allem, was man vernimmt, bei jenem unglücklichen jungen Mann, seinem

Bruder, der Fall zu sein scheint. Aber ich darf nun Egeria und ihre Schülerin nicht länger stören.

MISS PRISM: Egeria? Mein Name ist Laetitia, Doktor.

CHASUBLE *verneigt sich:* Nur eine klassische Anspielung, den heidnischen Schriftstellern entnommen. Ich werde Sie beide zweifellos bei der Vesper sehen?

MISS PRISM: Ich denke, lieber Doktor, ich werde einen Spaziergang mit Ihnen machen. Ich finde, ich habe doch Kopfweh, und ein Spaziergang könnte mir guttun.

CHASUBLE: Mit Vergnügen, Miss Prism, mit Vergnügen. Wir könnten bis zu den Schulgebäuden gehen und wieder zurück.

MISS PRISM: Das wäre reizend. Cecily, Sie werden in meiner Abwesenheit Ihre Volkswirtschaftslehre lesen. Das Kapitel über das Fallen der Rupie können Sie auslassen. Es ist für ein junges Mädchen etwas zu sensationell. Selbst diese Metallprobleme haben ihre melodramatische Seite.

Geht mit Dr. Chasuble durch den Garten davon.

CECILY *nimmt Bücher auf und wirft sie zurück auf den Tisch:* Greuliche Volkswirtschaftslehre! Greuliche Geographie! Greuliches, greuliches Deutsch!

Merriman kommt mit einer Visitenkarte auf einem Präsentierteller.

MERRIMAN: Mr. Ernst Worthing ist soeben im Wagen vom Bahnhof gekommen. Er hat sein Gepäck mitgebracht.

CECILY *nimmt die Karte und liest sie:* ›Mr. Ernst Worthing, B. 4, The Albany, W.‹ Onkel Jacks Bruder! Haben Sie ihm gesagt, daß Mr. Worthing in London ist?

MERRIMAN: Ja, Miss. Er schien sehr enttäuscht. Ich erwähnte, daß Sie und Miss Prism sich im Garten befänden. Er sagte, er sei begierig, Sie einen Augenblick allein zu sprechen.

CECILY: Bitten Sie Mr. Ernst Worthing her. Und Sie sollten indessen mit der Haushälterin wegen eines Zimmers für ihn sprechen.

MERRIMAN: Sehr wohl, Miss. *Merriman geht ab.*

CECILY: Ich bin noch nie zuvor einem wirklich verdorbenen Menschen begegnet. Mir ist etwas bange. Ich fürchte so sehr, daß er aussehen wird wie jeder andere. *Algernon kommt, sehr vergnügt und freundlich.* Was ich gesagt habe!

ALGERNON *lüftet den Hut:* Sie sind gewiß meine kleine Nichte Cecily.

CECILY: Sie befinden sich in einem befremdlichen Irrtum. Ich bin nicht klein. Tatsächlich glaube ich, daß ich für mein Alter mehr als die übliche Größe habe. *Algernon ist etwas bestürzt.* Aber Ihre Nichte Cecily bin ich. Und Sie sind, wie ich Ihrer Karte entnehme, Onkel Jacks Bruder, mein Onkel Ernst, mein verdorbener Onkel Ernst.

ALGERNON: Oh! Ich bin eigentlich überhaupt nicht verdorben, Nichte Cecily. Sie müssen nicht glauben, daß ich verdorben bin.

CECILY: Wenn Sie es nicht sind, dann haben Sie freilich uns alle auf eine ganz unentschuldbare Weise getäuscht. Onkel Jack mußte Sie ja für schlecht halten. Ich hoffe, Sie haben kein Doppelleben geführt, indem Sie vorgaben, verdorben zu sein, und dabei die ganze Zeit tugendhaft waren. Das wäre Heuchelei.

ALGERNON *blickt sie erstaunt an:* Oh! Natürlich bin ich etwas leichtsinnig gewesen.

CECILY: Das freut mich zu hören.

ALGERNON: In der Tat, nun, da Sie die Sache erwähnen – auf meine geringe Weise bin ich sehr schlecht gewesen.

CECILY: Ich finde, Sie sollten nicht so stolz darauf sein, wenn ich auch überzeugt bin, daß es sehr angenehm gewesen sein muß.

ALGERNON: Es ist viel angenehmer, hier bei Ihnen zu sein.

CECILY: Ich kann nicht verstehen, wieso Sie überhaupt hier sind. Onkel Jack wird vor Montagnachmittag nicht zurück sein.

ALGERNON: Das ist eine große Enttäuschung. Ich muß unbedingt mit dem ersten Zug am Montagmorgen nach London. Ich habe eine geschäftliche Verabredung, die ich ängstlich bestrebt bin ... zu versäumen!

CECILY: Könnten Sie die nicht woanders versäumen als in London?

ALGERNON: Nein, die Verabredung ist in London.

CECILY: Nun, ich weiß natürlich, wie wichtig es ist, eine geschäftliche Verabredung nicht einzuhalten, wenn man sich ein Gefühl für die Schönheit des Lebens bewahren will, aber dennoch meine ich, Sie sollten lieber warten, bis Onkel Jack ankommt. Ich weiß, daß er mit Ihnen über Ihre Auswanderung sprechen möchte.

ALGERNON: Über meine was?

CECILY: Ihre Auswanderung. Er ist nach London gefahren, um Ihre Ausstattung zu kaufen.

ALGERNON: Ich würde Jack bestimmt nicht meine Ausstattung kaufen lassen. Er besitzt überhaupt keinen Geschmack in Krawatten.

CECILY: Ich glaube nicht, daß Sie Krawatten brauchen werden. Onkel Jack schickt Sie nach Australien.

ALGERNON: Australien! Lieber würde ich sterben.

CECILY: Mittwoch abend beim Essen hat er gesagt, Sie hätten zu wählen zwischen dieser Welt, der nächsten und Australien.

ALGERNON: Oh, sehr gut! Die Berichte, die ich über Australien und die nächste Welt erhalten habe, sind nicht besonders ermutigend. Diese Welt ist gut genug für mich, Nichte Cecily.

CECILY: Ja, aber sind Sie gut genug für sie?

ALGERNON: Ich fürchte, das bin ich nicht. Deshalb möchte ich ja, daß Sie mich bessern. Sie könnten das zu Ihrer Mission machen, wenn Sie nichts dagegen haben, Miss Cecily.

CECILY: Heute nachmittag habe ich leider keine Zeit dafür.

ALGERNON: Haben Sie etwas dagegen, wenn ich mich selbst heute nachmittag bessere?

CECILY: Das ist bei Ihnen beinahe Donquichotterie. Aber ich meine, Sie sollten es versuchen.

ALGERNON: Ich werde es. Ich fühle mich bereits besser.

CECILY: Sie sehen ein wenig schlimmer aus.

ALGERNON: Das kommt daher, weil ich hungrig bin.

CECILY: Wie gedankenlos von mir! Ich hätte daran denken sollen, daß man regelmäßige und kräftige Mahlzeiten braucht, wenn man sich anschickt, ein völlig neues Leben zu führen. Möchten Sie nicht hereinkommen?

ALGERNON: Ich danke Ihnen. Könnte ich zuerst eine Blume fürs Knopfloch haben? Ich habe nie Appetit, wenn ich nicht zuerst eine Blume fürs Knopfloch habe.

CECILY: Eine Marschall-Niel? *Nimmt die Schere.*

ALGERNON: Nein, mir wäre eine rosa Rose lieber.

CECILY: Warum? *Schneidet eine Blüte ab.*

ALGERNON: Weil Sie, Nichte Cecily, wie eine rosa Rose sind.

CECILY: Ich glaube nicht, daß es recht von Ihnen sein kann, so mit mir zu sprechen. Miss Prism sagt mir nie solche Dinge.

ALGERNON: Dann ist Miss Prism eine kurzsichtige alte Dame. *Cecily steckt ihm die Rose ins Knopfloch.* Sie sind das hübscheste Mädchen, das ich je gesehen habe.

CECILY: Miss Prism sagt, daß gutes Aussehen ein Fallstrick ist.

ALGERNON: Es ist ein Fallstrick, von dem sich jeder vernünftige Mann gern einfangen ließe.

CECILY: Oh, ich glaube nicht, daß mir etwas daran gelegen wäre, einen vernünftigen Mann einzufangen. Ich wüßte nicht, worüber ich mit ihm reden sollte.

Sie gehen ins Haus. Miss Prism und Dr. Chasuble kommen zurück.

MISS PRISM: Sie sind zuviel allein, lieber Doktor Chasuble. Sie sollten heiraten. Einen Misanthropen kann ich verstehen – einen Weiberthropen niemals!

CHASUBLE *mit dem Schauder des Gelehrten:* Glauben Sie mir, einen so neologistischen Ausdruck verdiene ich nicht. Das Gebot der Urkirche wie auch deren Praxis waren entschieden gegen die Ehe.

MISS PRISM *sentenziös:* Das ist offensichtlich der Grund, warum die Urkirche nicht bis zum heutigen Tage Bestand gehabt hat. Und Sie scheinen sich nicht klarzumachen, lieber Doktor, daß sich ein Mann, indem er hartnäckig ledig bleibt, zu einer dauernden öffentlichen Versuchung macht. Die Männer sollten bedachtsamer sein, gerade diese Ehelosigkeit führt schwächere Naturen vom rechten Wege ab.

CHASUBLE: Aber ist ein Mann nicht ebenso reizvoll, wenn er verheiratet ist?

MISS PRISM: Kein verheirateter Mann ist jemals reizvoll, außer für seine Frau.

CHASUBLE: Und oft, wie ich hörte, nicht einmal für sie.

MISS PRISM: Das hängt von der geistigen Anteilnahme der Frau ab. Der Reife kann man vertrauen. Junge Mädchen sind grün. *Dr. Chasuble fährt zurück:* Ich habe gartenbaulich gesprochen. Meine Metapher war von den Früchten abgeleitet. Aber wo ist Cecily?

CHASUBLE: Vielleicht ist sie uns zu den Schulgebäuden gefolgt.

Aus dem Hintergrund des Gartens kommt langsam Jack. Er ist in tiefste Trauer gekleidet, mit Hutband aus schwarzem Krepp und schwarzen Handschuhen.

MISS PRISM: Mr. Worthing!

CHASUBLE: Mr. Worthing?

MISS PRISM: Das ist in der Tat eine Überraschung. Wir erwarteten Sie nicht vor Montag nachmittag.

JACK *drückt Miss Prism in tragischer Manier die Hand:* Ich bin früher zurückgekehrt, als ich dachte. Doktor Chasuble, ich hoffe, Sie befinden sich wohl?

CHASUBLE: Lieber Mr. Worthing, dieses Trauergewand kündet hoffentlich nicht von einem schrecklichen Unglück?

JACK: Mein Bruder.

MISS PRISM: Noch mehr schändliche Schulden und Ausschweifungen?

CHASUBLE: Führt er immer noch sein Freudenleben?

JACK *schüttelt den Kopf:* Tot!

CHASUBLE: Ihr Bruder Ernst tot?

JACK: Ganz und gar tot.

MISS PRISM: Welch eine Lehre für ihn! Ich hoffe zuversichtlich, er zieht seinen Nutzen daraus.

CHASUBLE: Mr. Worthing, ich spreche Ihnen mein aufrichtiges Beileid aus. Sie haben zumindest den Trost zu wissen, daß Sie stets der großmütigste aller Brüder waren und immer bereit gewesen sind zu verzeihen.

JACK: Der arme Ernst! Er hatte viele Fehler, aber es ist ein schwerer, schwerer Schlag.

CHASUBLE: In der Tat ein sehr schwerer. Waren Sie bei ihm, als es zu Ende ging?

JACK: Nein, er starb im Ausland, genau gesagt, in Paris. Ich erhielt gestern abend ein Telegramm von dem Direktor des Grand Hotels.

CHASUBLE: War die Todesursache erwähnt?

JACK: Anscheinend eine schwere Erkältung.

MISS PRISM: Wie der Mensch sät, so soll er ernten.

CHASUBLE *hebt die Hand:* Barmherzigkeit, liebe Miss Prism, Barmherzigkeit! Keiner von uns ist vollkommen. Ich selbst bin besonders empfindlich gegen Zugluft. Wird die Beerdigung hier stattfinden?

JACK: Nein. Er scheint den Wunsch geäußert zu haben, daß man ihn in Paris begräbt.

CHASUBLE: In Paris! *Schüttelt den Kopf.* Ich fürchte, das deutet schwerlich auf einen feierlich ernsten Gemütszustand am Ende. Zweifellos werden Sie wünschen, daß ich am nächsten Sonntag eine kleine Anspielung auf dieses tragische häusliche Mißgeschick mache. *Jack drückt ihm krampfhaft die Hand.* Meine Predigt über die Bedeutung des Mannas in der Wüste kann nahezu jeder Gelegenheit angepaßt werden, einer freudigen oder, wie im gegenwärtigen Fall, einer schmerzlichen. *Alle seufzen.* Ich habe sie zu Erntefesten, Taufen, Konfirmationen, an Bußtagen und an Feiertagen gehalten. Das letzte Mal hielt ich sie in der Kathedrale als Predigt im Interesse einer milden Stiftung zugunsten der Gesellschaft zur Verhinderung von Unzufriedenheit unter den höheren Ständen. Auf den Bischof, der anwesend war, machten einige der Analogien, die ich feststellte, sehr großen Eindruck.

JACK: Ach! Da fällt mir ein, ich glaube, Sie erwähnten Taufen, Doktor Chasuble? Vermutlich wissen Sie über die Taufe Bescheid? *Dr. Chasuble blickt höchst erstaunt.* Ich meine natürlich, Sie taufen fortwährend, nicht wahr?

MISS PRISM: Ich muß leider sagen, daß dies eine der beständigsten Pflichten des Pfarrherrn in dieser Gemeinde ist. Ich habe über die Sache oft zu den ärmsten Schichten gesprochen. Aber sie scheinen nicht zu wissen, was Sparsamkeit ist.

CHASUBLE: Doch gibt es denn ein besonderes Kind, an dem Sie interessiert sind, Mr. Worthing? Ihr Bruder war, glaube ich, unverehelicht, nicht wahr?

JACK: O ja.

MISS PRISM *bitter:* Das ist bei Leuten, die einzig und allein ihrem Vergnügen leben, so üblich.

JACK: Aber es handelt sich nicht um ein Kind, lieber Doktor. Ich liebe Kinder sehr. Nein! Tatsache ist, daß ich selbst gern heute nachmittag getauft würde, wenn Sie nichts Besseres zu tun haben.

CHASUBLE: Aber Sie sind doch sicherlich bereits getauft, Mr. Worthing?

JACK: Ich habe nichts darüber in Erinnerung.

CHASUBLE: Aber haben Sie denn irgendwelche ernsten Zweifel an der Sache?

JACK: Ich habe die ernstesten Zweifel. Natürlich weiß ich nicht, ob Ihnen die Sache in irgendeiner Weise lästig wäre oder ob Sie meinen, ich sei dafür ein wenig zu alt.

CHASUBLE: Ganz und gar nicht. Das Besprengen und freilich auch das Untertauchen von Erwachsenen war in der Urkirche allgemein Brauch.

JACK: Untertauchen!

CHASUBLE: Sie brauchen keine Befürchtungen zu hegen. Das Besprengen ist alles, was notwendig ist oder was ich in der Tat für ratsam halte. Unser Wetter ist so veränderlich. Zu welcher Stunde wünschen Sie den Vollzug der feierlichen Handlung?

JACK: Oh, ich könnte gegen fünf rumkommen, wenn es Ihnen paßt.

CHASUBLE: Durchaus, durchaus! Tatsächlich habe ich zu der Zeit zwei gleichartige feierliche Handlungen vorzunehmen. Ein Fall von Zwillingen, der kürzlich in einer von den Katen auftrat, die am Rande Ihrer eigenen Besitzung gelegen sind. Der arme Jenkins, der Fuhrmann, ein ungemein schwer arbeitender Mensch.

JACK: Oh! Ich sehe keinen großen Spaß darin, zusammen mit zwei anderen Babys getauft zu werden. Es wäre kindisch. Würde es um halb sechs gehen?

CHASUBLE: Vortrefflich! Vortrefflich! *Zieht seine Uhr.* Und jetzt, lieber Mr. Worthing, will ich nicht länger in einem Trauerhause stören. Ich möchte Sie nur bitten, sich nicht allzusehr durch den Kummer niederbeugen zu lassen. Für uns scheinbar schmerzhafte Prüfungen sind häufig verhüllte Segnungen.

MISS PRISM: Dies scheint mir eine Segnung höchst offenkundiger Art.

Cecily kommt aus dem Haus.

CECILY: Onkel Jack! Oh, ich freue mich so, daß du wieder da bist. Aber was für eine gräßliche Kleidung! Geh bitte und zieh dich um.

MISS PRISM: Cecily!

CHASUBLE: Mein Kind! Mein Kind!

Cecily geht zu Jack, er küßt sie betrübt auf die Stirn.

CECILY: Was ist los, Onkel Jack? Mach bitte ein glückliches Gesicht! Du siehst aus, als hättest du Zahnschmerzen, und ich habe eine solche Überraschung für dich. Wer, meinst du, ist im Speisezimmer? Dein Bruder!

JACK: Wer?

CECILY: Dein Bruder Ernst. Er kam etwa vor einer halben Stunde an.

JACK: Welcher Unsinn! Ich habe keinen Bruder.

CECILY: Oh, sprich nicht so. Wie schlecht er sich auch in der Vergangenheit gegen dich benommen haben mag, er ist immer noch dein Bruder. Du könntest nicht so herzlos sein, mit ihm nichts zu tun haben zu wollen. Ich werde ihm sagen, er soll herauskommen. Und du wirst ihm die Hand reichen, nicht wahr, Onkel Jack? *Läuft zurück ins Haus.*

CHASUBLE: Das sind doch sehr freudige Nachrichten.

MISS PRISM: Nachdem wir uns alle mit seinem Verlust abgefunden hatten, erscheint mir seine plötzliche Rückkehr besonders schmerzlich.

JACK: Mein Bruder ist im Speisezimmer? Ich weiß nicht, was das alles bedeuten soll. Ich halte es für ausgemacht absurd.

Algernon und Cecily kommen Hand in Hand. Sie gehen langsam auf Jack zu.

JACK: Du lieber Himmel! *Winkt Algernon, sich zu entfernen.*

ALGERNON: Bruder John, ich bin aus London hergekommen, um dir zu sagen, daß es mir sehr leid tut, dir soviel Kummer bereitet zu haben, und daß ich die Absicht habe, in Zukunft ein besseres Leben zu führen.

Jack starrt ihn wütend an und übersieht die dargebotene Hand.

CECILY: Onkel Jack, du wirst doch nicht die Hand deines eigenen Bruders zurückweisen!

JACK: Nichts kann mich dazu bringen, seine Hand zu nehmen. Ich finde es einfach schändlich, daß er hierhergekommen ist. Er weiß auch genau, warum.

CECILY: Onkel Jack, sei bitte nett. In jedem steckt etwas Gutes. Ernst hat mir eben von seinem armen kranken Freund, Mr. Bunbury, erzählt, den er so häufig besucht. Und bestimmt steckt auch Gutes in einem, der liebevoll zu einem Kranken ist und die Freuden Londons verläßt, um an einem Schmerzensbett zu sitzen.

JACK: Oh! Er hat über Bunbury gesprochen?

CECILY: Ja, er hat mir alles über den armen Mr. Bunbury und seinen schrecklichen Gesundheitszustand erzählt.

JACK: Bunbury! Nun, ich will nicht, daß er dir über Bunbury oder sonst etwas erzählt. Es reicht aus, einen völlig wahnsinnig zu machen.

ALGERNON: Ich gebe natürlich zu, daß die Fehler alle auf

meiner Seite waren. Aber ich muß sagen, daß ich Bruder Johns Kälte gegen mich als besonders schmerzlich empfinde; ich habe ein freudigeres Willkommen erwartet, vor allem angesichts der Tatsache, daß ich zum erstenmal hergekommen bin.

CECILY: Onkel Jack, wenn du Ernst nicht die Hand gibst, werde ich dir nie verzeihen.

JACK: Mir nie verzeihen?

CECILY: : Nie, nie und nimmer!

JACK: Nun, dies ist das letzte Mal, daß ich es tun werde. *Reicht Algernon die Hand, indem er ihn wütend anstarrt.*

CHASUBLE: Es ist doch erfreulich, nicht wahr, eine so vollständige Versöhnung mitzuerleben. Ich glaube, wir sollten die beiden Brüder alleine lassen.

MISS PRISM: Cecily, du wirst mit uns kommen.

CECILY: Gewiß, Miss Prism. Mein kleiner Beitrag zur Versöhnung ist gelungen.

CHASUBLE: Sie haben heute eine schöne Tat vollbracht, liebes Kind.

MISS PRISM: Wir dürfen in unseren Urteilen nicht voreilig sein.

CECILY: Ich fühle mich sehr glücklich.

Alle gehen ab mit Ausnahme von Jack und Algernon.

JACK: Du junger Spitzbube, Algy, du mußt so bald wie möglich verschwinden. Ich erlaube hier kein Bunburyen. *Merriman kommt.*

MERRIMAN: Ich habe die Sachen von Mr. Ernst in das Zimmer neben dem Ihren gebracht, Sir. Ich nehme an, das ist recht so?

JACK: Was?

MERRIMAN: Das Gepäck von Mr. Ernst, Sir. Ich habe es

ausgepackt und in dem Zimmer neben Ihrem eigenen
untergebracht.

JACK: Sein Gepäck?

MERRIMAN: Ja, Sir: drei Handkoffer, eine Reisetasche für
Toilettenartikel, zwei Hutschachteln und einen großen
Imbißkorb.

ALGERNON: Ich fürchte, ich kann diesmal nicht länger als
eine Woche bleiben.

JACK: Merriman, lassen Sie unverzüglich den Dogcart
kommen. Mr. Ernst ist unvermutet in die Stadt zurückgerufen worden.

MERRIMAN: Sehr wohl, Sir. *Geht zurück ins Haus.*

ALGERNON: Welch ein schrecklicher Lügner du bist,
Jack. Ich bin keineswegs in die Stadt zurückgerufen
worden.

JACK: Doch, du bist.

ALGERNON: Ich habe niemand nach mir rufen hören.

JACK: Deine Pflicht als Gentleman ruft dich zurück.

ALGERNON: Meine Pflicht als Gentleman hat meine Ver-
gnügungen bisher nicht im geringsten beeinträchtigt.

JACK: Das kann ich durchaus verstehen.

ALGERNON: Ja, Cecily ist ein Schatz.

JACK: Du hast von Miss Cardew nicht so zu sprechen. Es
gefällt mir nicht.

ALGERNON: Nun, mir gefällt deine Kleidung nicht. Du
siehst einfach lächerlich darin aus. Warum in aller Welt
gehst du nicht hinauf und ziehst dich um? Es ist ausgemacht kindisch, in tiefer Trauer um einen Mann rumzu-
gehen, der in Wirklichkeit eine ganze Woche bei dir in
deinem Hause als Gast bleibt. Ich nenne das grotesk.

JACK: Du wirst bestimmt nicht eine ganze Woche bei mir

als Gast oder sonst was bleiben. Du mußt abfahren ...
mit dem Vier-Uhr-fünf Zug.

ALGERNON: Ich werde bestimmt nicht abfahren, solange
du in Trauer bist. Das wäre höchst unfreundschaftlich.
Wenn ich in Trauer wäre, würdest du vermutlich auch
bei mir bleiben. Ich würde es für sehr unliebenswürdig
halten, wenn du es nicht tätest.

JACK: Wirst du gehen, wenn ich meine Kleidung wechsle?

ALGERNON: Ja, wenn du nicht zu lange brauchst. Nie habe
ich jemand gesehen, der so viel Zeit zum Anziehen
braucht und mit so geringem Erfolg.

JACK: Das ist jedenfalls besser, als stets übermäßig geputzt
zu sein wie du.

ALGERNON: Wenn ich hin und wieder etwas übermäßig
geputzt bin, so gleiche ich das aus, indem ich stets einen
übermäßig hohen Grad an Bildung offenbare.

JACK: Deine Eitelkeit ist lächerlich, dein Betragen eine
große Beleidigung und deine Anwesenheit in meinem
Garten höchst abgeschmackt. Doch du mußt den Vier-
Uhr-fünf-Zug erreichen, und ich hoffe, du wirst eine angenehme Rückreise nach London haben. Dieses Bunburyen, wie du es nennst, ist kein großer Erfolg für dich
gewesen. *Geht ins Haus.*

ALGERNON: Ich glaube, es ist ein großer Erfolg gewesen.
Ich bin verliebt in Cecily, und das ist das Allerwichtigste.
*Cecily kommt aus dem hinteren Teil des Gartens. Sie
greift nach der Kanne und beginnt, die Blumen zu gießen.* Aber ich muß sie sehen, bevor ich gehe, und Vor-
kehrungen treffen für ein neues Bunbury. Ah, da ist sie.

CECILY: Oh, ich kam lediglich zurück, um die Rosen zu
gießen. Ich dachte, Sie seien bei Onkel Jack.

ALGERNON: Er ist weggegangen, um den Dogcart für mich zu bestellen.

CECILY: Oh, will er Sie zu einer schönen Ausfahrt mitnehmen?

ALGERNON: Er will mich wegschicken.

CECILY: Dann müssen wir uns trennen?

ALGERNON: Ich fürchte, ja. Es ist eine sehr schmerzhafte Trennung.

CECILY: Es ist immer schmerzhaft, sich von Leuten zu trennen, die man für sehr kurze Zeit gekannt hat. Die Abwesenheit alter Freunde kann man mit Gleichmut ertragen. Aber die vorübergehende Trennung von jemandem, dem man gerade vorgestellt wurde, ist fast unerträglich.

ALGERNON: Danke.

Merriman kommt.

MERRIMAN: Der Dogcart wartet vor der Tür, Sir.

Algernon sieht Cecily flehentlich bittend an.

CECILY: Er kann warten, Merriman, fünf Minuten.

MERRIMAN: Sehr wohl, Miss. *Geht ab.*

ALGERNON: Ich hoffe, ich werde Sie nicht erzürnen, Cecily, wenn ich Ihnen ganz frei und offen erkläre, daß Sie mir in jeder Weise als die sichtbare Verkörperung absoluter Vollkommenheit erscheinen.

CECILY: Ich finde, Ihre Offenheit macht Ihnen viel Ehre, Ernst. Wenn Sie erlauben, möchte ich Ihre Bemerkungen in mein Tagebuch eintragen. Geht zum Tisch und beginnt in das Tagebuch zu schreiben.

ALGERNON: Sie führen wirklich ein Tagebuch? Ich würde alles darum geben, hineinzuschauen. Darf ich?

CECILY: O nein. *Legt ihre Hand darüber.* Sehen Sie, es ist

einfach, was ein sehr junges Mädchen an eigenen Gedanken und Eindrücken aufgezeichnet hat, und folglich zur Veröffentlichung bestimmt. Wenn es in Buchform erscheint, werden Sie hoffentlich ein Exemplar bestellen. Aber bitte, Ernst, halten Sie nicht inne. Ich habe Freude daran, nach Diktat zu schreiben. Ich bin bis ›absolute Vollkommenheit‹. Sie können fortfahren. Ich bin völlig bereit für weiteres.

ALGERNON *etwas verblüfft:* Hm! Hm!

CECILY: Räuspern Sie sich nicht, Ernst. Wenn man diktiert, sollte man fließend sprechen und sich nicht räuspern. Außerdem weiß ich nicht, wie sich ein Räuspern schreibt. *Schreibt, während Algernon spricht.*

ALGERNON *spricht sehr schnell:* Cecily, als ich zum erstenmal Ihrer wundervollen und unvergleichlichen Schönheit ansichtig wurde, bin ich nicht nur für alle Zeiten Ihr ergebener Sklave und Diener geworden, sondern, von einem ungeheuren Wagemut beflügelt, unterfing ich mich, Sie schwärmerisch, leidenschaftlich, hingebungsvoll, hoffnungslos zu lieben.

CECILY: Sie sollten mir nicht sagen, daß Sie mich schwärmerisch, leidenschaftlich, hingebungsvoll, hoffnungslos lieben. Hoffnungslos scheint mir wenig sinnvoll zu sein, nicht wahr?

ALGERNON: Cecily!

Merriman kommt.

MERRIMAN: Der Dogcart wartet, Sir.

ALGERNON: Sagen Sie ihm, er soll nächste Woche um dieselbe Zeit wiederkommen.

MERRIMAN *sieht Cecily an, die kein Zeichen gibt:* Sehr wohl, Sir. *Zieht sich zurück.*

CECILY: Onkel Jack würde sehr ärgerlich sein, wenn er wüßte, daß Sie bis nächste Woche um dieselbe Zeit bleiben.

ALGERNON: Oh, an Jack liegt mir nichts. Mir liegt auf der ganzen Welt an niemand etwas außer an Ihnen. Ich liebe Sie, Cecily, Sie werden mich heiraten, nicht wahr?

CECILY: Du dummer Junge! Natürlich. Schließlich sind wir seit drei Monaten verlobt.

ALGERNON: Seit drei Monaten?

CECILY: Ja, am Donnerstag sind es genau drei Monate.

ALGERNON: Aber wie kam es dazu, daß wir uns verlobten?

CECILY: Nun, seit uns der liebe Onkel Jack zum erstenmal gestand, daß er einen jüngeren Bruder habe, der sehr verdorben und schlecht sei, gabst du natürlich das Hauptgesprächsthema zwischen mir und Miss Prism ab. Und ein Mann, über den viel geredet wird, ist natürlich immer sehr anziehend. Man hat das Gefühl, es muß schließlich etwas an ihm dran sein. Ich glaube, es war töricht von mir, aber ich verliebte mich in dich, Ernst.

ALGERNON: Liebling! Und wann wurde die Verlobung tatsächlich geschlossen?

CECILY: Am 14. Februar.[1] Am Ende meiner Geduld durch deine völlige Unkenntnis von meiner Existenz, entschloß ich mich, der Sache so oder so ein Ende zu machen, und nach einem langen inneren Kampf erhörte ich dich eines Abends im Garten. Am Tage darauf kaufte

---

1 Es müßte hier und im folgenden Text eigentlich ›April‹ bzw. ›Mai‹ heißen (vgl. S. 43: ›Es ist Juli‹ und S. 63: ›Seit drei Monaten‹). – Am 14. Februar 1895 war die Uraufführung von ›Bunbury‹.

ich in deinem Namen diesen kleinen Ring, und dies ist
der kleine Armreif, mit dem Band der wahrhaft Liebenden. Ich verspreche dir, ihn immer zu tragen.

ALGERNON: Habe ich dir den geschenkt? Er ist sehr
hübsch, nicht wahr?

CECILY: Ja, Ernst, du hast einen phantastisch guten Geschmack. Er war in meinen Augen immer die Entschul-
digung dafür, daß du ein so schlimmes Leben führtest.
Und dies ist das Kästchen, in dem ich alle deine lieben
Briefe aufbewahre.

*Kniet am Tisch nieder, öffnet das Kästchen und zeigt die
mit einem blauen Band zusammengehaltenen Briefe.*

ALGERNON: Meine Briefe! Aber, meine einzige, süße
Cecily, ich hab dir nie irgendwelche Briefe geschrieben.

CECILY: Daran brauchst du mich schwerlich zu erinnern,
Ernst. Ich entsinne mich zu gut daran, daß ich gezwun-
gen war, deine Briefe für dich zu schreiben. Ich schrieb
stets dreimal die Woche, und manchmal öfters.

ALGERNON: Läßt du sie mich bitte lesen, Cecily?

CECILY: Oh, das könnte ich nicht. Sie würden dich viel zu
eingebildet machen. *Stellt das Kästchen zurück.* Die
drei, die du mir schriebst, als ich die Verlobung gelöst
hatte, sind so schön und orthographisch so falsch, daß
ich sie selbst jetzt kaum lesen kann, ohne ein bißchen zu
weinen.

ALGERNON: Aber wurde denn unsere Verlobung jemals
gelöst?

CECILY: Natürlich wurde sie das. Am 22. März. Du kannst
die Eintragung sehen, wenn du willst. *Zeigt das Tagebuch.* ›Heute habe ich meine Verlobung mit Ernst ge-

löst. Ich fühle, es ist besser so. Das Wetter ist nach wie vor herrlich.‹

ALGERNON: Aber warum in aller Welt hast du sie gelöst? Was hatte ich getan? Doch überhaupt nichts. Cecily, es kränkt mich wirklich sehr zu hören, daß du sie gelöst hast. Besonders, da das Wetter so herrlich war.

CECILY: Es wäre wohl kaum eine wirklich ernsthafte Verlobung gewesen, wenn sie nicht wenigstens einmal gelöst worden wäre. Aber ich vergab dir, bevor die Woche vorüber war.

ALGERNON *geht hinüber und kniet nieder:* Welch ein vollkommener Engel du bist, Cecily!

CECILY: Du lieber romantischer Junge! *Er küßt sie, sie fährt ihm mit den Fingern durchs Haar.* Ich hoffe, dein Haar lockt sich von Natur, oder nicht?

ALGERNON: Doch, Liebling, mit ein wenig Nachhilfe von anderen.

CECILY: Ich bin so froh.

ALGERNON: Du wirst unsere Verlobung nicht wieder lösen, Cecily?

CECILY: Ich glaube nicht, daß ich sie jetzt, da ich dir tatsächlich begegnet bin, lösen könnte. Außerdem ist da natürlich die Sache mit deinem Namen.

ALGERNON *nervös:* Ja, natürlich.

CECILY: Du darfst nicht über mich lachen, Liebling, aber es ist immer mein Mädchentraum gewesen, einen zu lieben, dessen Name Ernst ist.

Algernon steht auf, Cecily desgleichen.

In dem Namen liegt etwas, das unbedingtes Vertrauen einzuflößen scheint. Ich bedaure jede arme verheiratete Frau, deren Mann nicht Ernst heißt.

ALGERNON: Aber, mein liebes Kind, willst du damit sagen, du könntest mich nicht lieben, wenn ich einen anderen Namen hätte?

CECILY: Aber was für einen Namen?

ALGERNON: Oh, jeden Namen, den du willst – Algernon – zum Beispiel ...

CECILY: Aber ich mag den Namen Algernon nicht.

ALGERNON: Mein einzig geliebtes, süßes, liebendes kleines Herz, ich kann wahrhaftig nicht einsehen, warum du etwas gegen den Namen Algernon haben solltest. Es ist durchaus kein schlechter Name. Tatsächlich ist es eher ein aristokratischer Name. Die Hälfte der Burschen, die vors Konkursgericht kommen, heißen Algernon. Aber im Ernst, Cecily – *(geht auf sie zu)* wenn mein Name Algy wäre, könntest du mich dann nicht lieben?

CECILY *steht auf:* Ich könnte dich achten, Ernst, ich könnte deinen Charakter bewundern, aber ich fürchte, ich wäre nicht fähig, dir meine ungeteilte Aufmerksamkeit zu schenken.

ALGERNON: Hm! Cecily! *Nimmt seinen Hut.* Ich nehme an, euer Pfarrherr hier ist durchaus erfahren in der Praxis aller Riten und Zeremonien der Kirche?

CECILY: O ja. Doktor Chasuble ist ein sehr gelehrter Mann. Er hat nie auch nur ein einziges Buch geschrieben, also kannst du dir vorstellen, wieviel er weiß.

ALGERNON: Ich muß ihn sofort aufsuchen wegen einer höchst wichtigen Taufe – ich meine, einer höchst wichtigen Angelegenheit.

CECILY: Oh!

ALGERNON: Ich werde nicht länger fortbleiben als eine halbe Stunde.

66

CECILY: Wenn ich bedenke, daß wir seit dem 14. Februar verlobt sind und daß ich dir erst heute zum erstenmal begegnet bin, so finde ich es ziemlich grausam, daß du mich für eine so lange Zeitspanne wie eine halbe Stunde verlassen willst. Könntest du es nicht in zwanzig Minuten abmachen?

ALGERNON: Ich werde im Nu zurück sein. *Küßt sie und stürzt davon.*

CECILY: Was für ein ungestümer Junge er ist! Mir gefällt sein Haar so gut. Ich muß seinen Heiratsantrag in mein Tagebuch schreiben.
Merriman kommt.

MERRIMAN: Eine Miss Fairfax ist soeben gekommen, um Mr. Worthing zu sprechen. In einer sehr wichtigen Angelegenheit, erklärt Miss Fairfax.

CECILY: Ist Mr. Worthing nicht in seiner Bibliothek?

MERRIMAN: Mr. Worthing hat sich vor geraumer Zeit in Richtung des Pfarrhauses entfernt.

CECILY: Bitten Sie die Dame hereinzukommen; Mr. Worthing wird gewiß bald zurück sein. Und Sie können Tee bringen.

MERRIMAN: Sehr wohl, Miss. *Geht ab.*

CECILY: Miss Fairfax! Vermutlich eine von den vielen tüchtigen ältlichen Damen, die mit Onkel Jack in einer seiner menschenfreundlichen Tätigkeiten in London verbunden sind. Mir gefallen Frauen, die an menschenfreundlicher Tätigkeit interessiert sind, nicht so recht. Ich finde es so anmaßend.
Merriman kommt zurück.

MERRIMAN: Miss Fairfax.
Gwendolen erscheint. Merriman geht ab.

CECILY *geht ihr entgegen:* Erlauben Sie mir bitte, daß ich mich selbst mit Ihnen bekannt mache. Mein Name ist Cecily Cardew.

GWENDOLEN: Cecily Cardew? *Tritt auf sie zu und drückt ihr die Hand.* Welch ungemein hübscher Name! Etwas sagt mir, daß wir uns sehr befreunden werden. Sie gefallen mir jetzt bereits mehr, als ich sagen kann. Meine ersten Eindrücke von Menschen sind niemals falsch.

CECILY: Wie reizend von Ihnen, daß ich Ihnen so sehr gefalle, da wir einander doch erst verhältnismäßig kurze Zeit kennen. Bitte setzen Sie sich.

GWENDOLEN *bleibt stehen:* Ich darf Sie doch Cecily nennen, nicht wahr?

CECILY: Mit Vergnügen!

GWENDOLEN: Und Sie werden mich immer Gwendolen nennen, ja?

CECILY: Wenn Sie es wünschen?

GWENDOLEN: Dann ist nun alles in bester Ordnung, nicht wahr?

CECILY: Ich hoffe.

Pause. Beide setzen sich gleichzeitig.

GWENDOLEN: Vielleicht wäre dies eine günstige Gelegenheit für mich, zu erwähnen, wer ich bin. Mein Vater ist Lord Bracknell. Vermutlich haben Sie nie von Papa gehört?

CECILY: Ich glaube, nicht.

GWENDOLEN: Außerhalb des Familienkreises ist Papa, wie ich zu meiner Freude sagen kann, völlig unbekannt. Ich denke, das ist durchaus so, wie es sein sollte. Das Heim scheint mir der angemessene Wirkungsbereich für den Mann zu sein. Und bestimmt wird ein Mann, wenn er erst einmal beginnt, seine häuslichen Pflichten zu vernachlässigen, peinlich feminin, finden Sie nicht auch? Und das liebe ich nicht. Es macht die Männer so sehr anziehend. Mama, deren Ansichten über Erziehung bemerkenswert streng sind, Cecily, hat mich zu einer hochgradigen Kurzsichtigkeit erzogen, es gehört zu ihrem System; es macht Ihnen doch nichts aus, wenn ich Sie durch meine Lorgnette betrachte?

CECILY: Oh! Keineswegs, Gwendolen. Ich liebe es sehr, betrachtet zu werden.

GWENDOLEN *nachdem sie Cecily sorgfältig durch eine Lorgnette gemustert hat:* Ich nehme an, Sie sind hier zu einem kurzen Besuch.

CECILY: O nein! Ich lebe hier.

GWENDOLEN *streng:* Wirklich? Zweifellos wohnt Ihre Mutter oder irgendeine weibliche Verwandte in vorgerücktem Alter ebenfalls hier?

CECILY: O nein! Ich habe keine Mutter und auch eigentlich keine Verwandten.

GWENDOLEN: Was Sie nicht sagen!

CECILY: Mein lieber Vormund hat mit Unterstützung von Miss Prism die schwere Aufgabe, auf mich achtzugeben.

GWENDOLEN: Ihr Vormund?

CECILY: Ja, ich bin Mr. Worthings Mündel.

GWENDOLEN: Ach! Merkwürdig, er hat mir nie gesagt, daß er ein Mündel hat. Wie verschwiegen von ihm! Er wird von Stunde zu Stunde interessanter. Dennoch bin ich nicht sicher, ob mich diese Neuigkeiten mit Gefühlen unverfälschter Freude erfüllen. *Steht auf und tritt zu ihr.* Ich mag Sie sehr gern, Cecily, Sie haben mir sofort gefallen, als ich Sie kennenlernte! Aber ich muß bemerken, jetzt, da ich weiß, daß Sie Mr. Worthings Mündel sind, kann ich nicht umhin, den Wunsch zu äußern, Sie wären – nun ja, ein wenig älter, als Sie anscheinend sind – und sähen nicht ganz so verführerisch aus. Tatsächlich, wenn ich offen sprechen darf –

CECILY: Ich bitte darum! Ich finde, wenn man etwas Unangenehmes zu sagen hat, sollte man stets ganz offen sein.

GWENDOLEN: Nun gut, um mit völliger Offenheit zu reden, Cecily, ich wünschte, Sie wären volle zweiundvierzig und häßlicher als üblich für Ihr Alter. Ernst hat ein starkes, aufrechtes Gemüt. Er ist der Inbegriff von Treue und Ehre. Untreue wäre ihm so unmöglich wie Betrug. Aber gerade Männer von dem denkbar vornehmsten sittlichen Charakter sind äußerst empfänglich für die physischen Reize anderer. Die moderne nicht weniger als die alte Geschichte liefert uns viele überaus peinliche Beispiele für das, worauf ich anspiele. Wäre es nicht so, dann wäre allerdings die Geschichte völlig unlesbar.

CECILY: Verzeihung, Gwendolen, sagten Sie ›Ernst‹?

GWENDOLEN: Ja.

CECILY: Oh, aber es ist nicht Mr. Ernst Worthing, den ich zum Vormund habe. Es ist sein Bruder – sein älterer Bruder.

GWENDOLEN *setzt sich wieder:* Ernst hat nie vor mir erwähnt, daß er einen Bruder hat.

CECILY: Leider muß ich sagen, daß sie lange Zeit nicht auf gutem Fuß miteinander standen.

GWENDOLEN: Ach! Das erklärt die Sache. Und da ich jetzt darüber nachdenke, fällt mir ein, daß ich nie einen Mann seinen Bruder habe erwähnen hören. Der Gegenstand ist anscheinend den meisten Männern zuwider. Cecily,

Sie haben mir eine Last von der Seele genommen. Ich wurde nahezu besorgt. Es wäre schrecklich gewesen, hätte sich eine Wolke auf eine Freundschaft wie die unsere gesenkt, nicht wahr? Natürlich sind Sie ganz, ganz sicher, daß nicht Mr. Ernst Worthing Ihr Vormund ist?

CECILY: Ganz sicher. *Pause.* Tatsächlich bin ich im Begriff, seiner zu werden.

GWENDOLEN *fragend:* Wie beliebt?

CECILY *etwas schüchtern und vertrauensvoll:* Liebste Gwendolen, es gibt keinen Grund, warum ich vor Ihnen ein Geheimnis daraus machen sollte. Unsere kleine Grafschaftszeitung wird die Tatsache bestimmt nächste Woche verzeichnen. Mr. Ernst Worthing und ich sind verlobt.

GWENDOLEN *steht durchaus höflich auf:* Mein Liebling Cecily, ich glaube, da muß ein kleiner Irrtum vorliegen. Mr. Ernst Worthing ist mit mir verlobt. Die Bekanntmachung wird spätestens am Sonnabend in der *Morning Post* erscheinen.

CECILY *erhebt sich sehr höflich:* Ich fürchte, Sie sind einem Mißverständnis anheimgefallen. Ernst hat mir vor genau zehn Minuten einen Heiratsantrag gemacht. *Zeigt ihr Tagebuch.*

GWENDOLEN *prüft das Tagebuch aufmerksam durch ihre Lorgnette:* Das ist gewiß sehr sonderbar, denn er bat mich gestern nachmittag um halb sechs, seine Frau zu werden. Wenn Ihnen daran liegt, den Vorfall nachzuprüfen, bitte, tun Sie es. *Holt ihr eigenes Tagebuch hervor.* Ich reise nie ohne mein Tagebuch. Man sollte im Zug immer etwas Aufregendes zum Lesen haben. Es tut mir so leid, liebe Cecily, wenn es eine Enttäuschung für Sie ist, aber ich fürchte, ich habe den älteren Anspruch.

CECILY: Es würde mich mehr betrüben, als ich Ihnen sagen kann, liebe Gwendolen, wenn es Ihnen seelische oder physische Qual bereitete, aber ich fühle mich verpflichtet, darauf hinzuweisen, daß Ernst, seit er sich Ihnen erklärte, zweifellos seine Ansicht geändert hat.

GWENDOLEN *sinnend:* Wenn der arme Kerl zu einem albernen Versprechen verleitet wurde, werde ich es für meine Pflicht halten, ihn unverzüglich zu retten, und mit fester Hand.

CECILY *nachdenklich und traurig:* In welchen Fallstrick mein lieber Junge auch geraten sein mag, ich werde ihm nie Vorwürfe darüber machen, wenn wir erst verheiratet sind.

GWENDOLEN: Sprechen Sie von mir als einem Fallstrick, Miss Cardew? Sie sind vermessen. Bei einer Gelegenheit wie dieser wird es mehr als eine moralische Pflicht, seine Meinung zu sagen. Es wird ein Vergnügen.

CECILY: Wollen Sie andeuten, Miss Fairfax, ich hätte Ernst zu einer Verlobung verleitet? Was erdreisten Sie sich? Dies ist nicht der Zeitpunkt, die dumme Maske guter Manieren zu tragen. Man soll einen Spaten immer einen Spaten nennen.

GWENDOLEN *spöttisch:* Ich gestehe mit Vergnügen, daß ich noch nie einen Spaten gesehen habe. Es ist offensichtlich, daß ein himmelweiter Unterschied zwischen unsern gesellschaftlichen Sphären besteht.

Merriman kommt, gefolgt von dem Diener. Dieser bringt ein Tablett, Tischdecke und Geschirrträger. Cecily ist im Begriff zu erwidern. Aber die Anwesenheit der Bedien-

ten übt einen hemmenden Einfluß aus, der beide Mäd-
chen aufbringt.

MERRIMAN: Soll ich hier zum Tee decken wie gewöhnlich,
Miss?

CECILY *düster; mit ruhiger Stimme:* Ja, wie gewöhnlich.
Merriman beginnt den Tisch abzuräumen und zu dek-
ken. Lange Pause. Cecily und Gwendolen starren einan-
der wütend an.

GWENDOLEN: Gibt es viele interessante Spazierwege in
der Umgebung, Miss Cardew?

CECILY: Oh! Ja! Sehr viele. Von der Höhe eines der Hügel
ganz in der Nähe kann man fünf Grafschaften sehen.

GWENDOLEN: Fünf Grafschaften! Ich glaube nicht, daß es
mir gefallen würde; ich hasse Menschenansammlungen.

CECILY *süß:* Deshalb leben Sie vermutlich in der Stadt?
Gwendolen beißt sich auf die Lippe und schlägt nervös
mit dem Sonnenschirm an ihren Fuß.

GWENDOLEN *blickt um sich:* Ein sehr gepflegter Garten
ist dies, Miss Cardew.

CECILY: Sehr erfreut, daß er Ihnen gefällt, Miss Fairfax.

GWENDOLEN: Ich hatte keine Ahnung, daß es auf dem
Lande Blumen gibt.

CECILY: Oh, Blumen, Miss Fairfax, sind hier so häufig wie
Leute in London.

GWENDOLEN: Ich persönlich kann nicht verstehen, wie es
jemand fertigbringt, auf dem Lande zu existieren, so-
fern er ein Mensch von Bedeutung ist. Mich langweilt
das Land stets zu Tode.

CECILY: Aha! Das ist das, was die Zeitungen Agrarde-
pression nennen, nicht wahr? Ich glaube, die Aristokratie leidet gerade jetzt sehr schwer darunter. Es soll bei

73

ihr fast einer Epidemie gleichkommen. Darf ich Ihnen Tee anbieten, Miss Fairfax?

GWENDOLEN *mit ausgesuchter Höflichkeit:* Vielen Dank. *Beiseite.* Abscheuliches Mädchen! Aber ich muß Tee haben!

CECILY *süß:* Zucker?

GWENDOLEN *hochnäsig:* Nein, danke. Zucker ist nicht mehr modern. *Cecily sieht sie wütend an, nimmt die Zuckerzange und läßt vier Stück Zucker in die Tasse fallen.*

CECILY *streng:* Kuchen oder Butterbrot?

GWENDOLEN *blasiert:* Butterbrot bitte. Kuchen ist heutzutage in den besten Häusern selten zu sehen.

CECILY *schneidet ein großes Stück Kuchen ab und legt es auf das Teebrett:* Reichen Sie das Miss Fairfax.
Merriman tut es und entfernt sich mit dem Diener. Gwendolen trinkt ihren Tee und schneidet eine Grimasse. Stellt die Tasse sofort hin, streckt die Hand nach dem Butterbrot aus, sieht hin und entdeckt, daß es Kuchen ist. Steht entrüstet auf.

GWENDOLEN: Sie haben mir mehrere Stücke Zucker in den Tee getan, und obgleich ich Sie ganz unmißverständlich um Butterbrot bat, haben Sie mir Kuchen gegeben. Ich bin bekannt für die Sanftmut meines Gemüts und die außerordentliche Liebenswürdigkeit meines Wesens, aber ich warne Sie, Miss Cardew, Sie könnten zu weit gehen.

CECILY *steht auf:* Um meinen armen, arglosen, vertrauensvollen Jungen vor den Ränken eines anderen Mädchens zu retten, würde ich jederzeit denkbar weit gehen.

GWENDOLEN: Von dem Augenblick an, da ich Sie sah, mißtraute ich Ihnen. Ich fühlte, daß Sie falsch und hinterlistig sind. In solchen Dingen habe ich mich nie getäuscht. Meine ersten Eindrücke von Leuten sind unwandelbar richtig.

CECILY: Mir scheint, Miss Fairfax, daß ich Ihre kostbare Zeit ungebührlich in Anspruch nehme. Zweifellos haben Sie noch viele weitere Besuche ähnlichen Charakters in unserer Gegend zu machen.

Jack erscheint.

GWENDOLEN *erblickt ihn:* Ernst! Mein einzig geliebter Ernst!

JACK: Gwendolen! Liebling! *Will sie küssen.*

GWENDOLEN *tritt zurück:* Einen Augenblick! Darf ich fragen, ob du mit dieser jungen Dame verlobt bist?

JACK *lachend:* Mit der lieben kleinen Cecily? *Zeigt auf Cecily.* Natürlich nicht! Was kann dir eine solche Idee in dein hübsches Köpfchen gesetzt haben?

GWENDOLEN: Danke. Du darfst. *Bietet ihm die Wange.*

CECILY *ungemein süß:* Ich wußte, daß ein Mißverständnis vorliegen muß, Miss Fairfax. Der Herr, dessen Arm augenblicklich um Ihre Taille liegt, ist mein Vormund, Mr. John Worthing

GWENDOLEN: Wie beliebt?

CECILY: Dies ist Onkel Jack.

GWENDOLEN *weicht zurück:* Jack? Oh!

Algernon erscheint.

CECILY: Hier ist Ernst.

ALGERNON *geht schnurstracks auf Cecily zu, ohne jemand anders zu beachten:* Meine einzig Geliebte! *Will sie küssen.*

CECILY *tritt zurück:* Einen Augenblick, Ernst! Darf ich dich fragen – bist du mit dieser jungen Dame verlobt?

ALGERNON *blickt um sich:* Mit welcher jungen Dame? Du lieber Himmel! Gwendolen!

CECILY: Ja! Mit ›Du lieber Himmel, Gwendolen‹, ich meine, mit Gwendolen.

ALGERNON *lachend:* Natürlich nicht! Was könnte dir eine solche Idee in dein hübsches Köpfchen gesetzt haben?

CECILY: Danke. *Bietet ihm die Wange zum Kuß.* Du darfst. *Algernon küßt sie.*

GWENDOLEN: Ich fühlte, es müsse sich um einen kleinen Irrtum handeln, Miss Cardew. Der Herr, der Sie jetzt in den Armen hält, ist mein Vetter, Mr. Algernon Moncrieff.

CECILY *reißt sich von Algernon los:* Algernon Moncrieff? Oh! *Die beiden Mädchen gehen aufeinander zu und legen einander wie schutzsuchend den Arm um die Taille.*

CECILY: Du heißt Algernon?

ALGERNON: Ich kann es nicht leugnen.

CECILY: Oh!

GWENDOLEN: Dein Name ist wirklich John?

JACK *in ziemlich stolzer Haltung:* Ich könnte es leugnen, wenn ich wollte. Ich könnte alles leugnen, wenn ich wollte. Aber mein Name ist zweifellos John. Seit Jahren lautet er John.

CECILY *zu Gwendolen:* Ein großer Betrug ist an uns beiden verübt worden.

GWENDOLEN: Meine arme verletzte Cecily!

CECILY: Meine süße gekränkte Gwendolen!

GWENDOLEN *langsam und ernst:* Du wirst mich Schwester nennen, ja?

Sie umarmen sich. Jack und Algernon stöhnen und gehen auf und ab.

CECILY *fast heiter:* Da ist nur noch eine Frage, die ich, mit Verlaub, gern meinem Vormund stellen möchte.

GWENDOLEN: Eine wunderbare Idee! Mr. Worthing, da ist nur noch eine Frage, die ich Ihnen, wenn Sie gestatten, gern stellen möchte. Wo ist Ihr Bruder Ernst? Wir sind beide mit Ihrem Bruder Ernst verlobt, daher ist es für uns eine Sache von einiger Bedeutung, zu erfahren, wo Ihr Bruder Ernst sich augenblicklich befindet.

JACK *langsam und zögernd:* Gwendolen – Cecily – es ist sehr peinlich für mich, daß ich genötigt bin, die Wahrheit zu bekennen. Es ist das erste Mal in meinem Leben, daß ich mich in eine so peinliche Lage versetzt sehe, und ich bin wirklich völlig unerfahren darin, etwas Derartiges zu tun. Dennoch will ich euch ganz offen erklären, daß ich keinen Bruder Ernst besitze. Ich besitze überhaupt keinen Bruder. Ich habe nie in meinem Leben einen Bruder gehabt und habe bestimmt nicht die geringste Absicht, in Zukunft je einen zu bekommen.

CECILY *überrascht:* Überhaupt keinen Bruder?

JACK *fröhlich:* Keinen!

GWENDOLEN *streng:* Sie haben nie einen irgendwie gearteten Bruder gehabt?

JACK *vergnügt:* Nie. Nicht mal einen irgendwie gearteten.

GWENDOLEN: Ich fürchte, Cecily, es ist ganz unzweifelhaft, daß keine von uns beiden mit jemandem verlobt ist.

CECILY: Es ist nicht sehr angenehm für ein junges Mädchen, sich unvermutet in eine solche Lage versetzt zu sehen, nicht wahr?

GWENDOLEN: Laß uns ins Haus gehen. Sie werden schwerlich wagen, uns dorthin nachzukommen.

CECILY: Nein, Männer sind so feige, stimmt's?

Sie ziehen sich mit verächtlichen Blicken ins Haus zurück.

JACK: Diese schauderhafte Situation ist vermutlich das, was du Bunburyen nennst?

ALGERNON: Ja, und es ist ein ausgemacht wundervolles Bunbury. Das wundervollste Bunbury, das ich je in meinem Leben gehabt habe.

JACK: Aber du hast keinerlei Recht, hier zu bunburyen.

ALGERNON: Das ist albern. Man hat das Recht, überall zu bunburyen, wo man will. Das sagt dir jeder ernsthafte Bunburyist.

JACK: Ernsthafter Bunburyist! Du lieber Himmel!

ALGERNON: Man muß etwas ernst nehmen, wenn man überhaupt Vergnügen im Leben haben will. Ich nehme zufällig das Bunburyen ernst. Was in aller Welt du ernst nimmst, davon habe ich nicht die entfernteste Vorstellung. Ich möchte meinen, alles. Du bist eine so absolut triviale Natur.

JACK: Die einzige kleine Genugtuung, die ich bei dieser ganzen unseligen Angelegenheit habe, ist die, daß dein Freund Bunbury völlig geplatzt ist. Du wirst nicht mehr ganz so oft aufs Land fahren können, wie du zu tun pflegtest, lieber Algy. Und das ist auch sehr gut.

ALGERNON: Deinem Bruder geht es schlecht, nicht wahr, lieber Jack? Du wirst nicht mehr ganz so häufig nach London entschwinden können, wie es deine lasterhafte Gewohnheit war. Und das ist ebenfalls nicht schlecht.

JACK: Was dein Verhalten gegen Miss Cardew betrifft, so muß ich sagen, daß du ein süßes, schlichtes, argloses Mädchen wie sie angeführt hast, ist ganz und gar unentschuldbar. Gar nicht zu reden von der Tatsache, daß sie mein Mündel ist.

ALGERNON: Ich kann überhaupt keine mögliche Rechtfertigung dafür finden, daß du eine glänzende, gescheite, durchaus erfahrene junge Dame wie Miss Fairfax getäuscht hast. Gar nicht davon zu reden, daß sie meine Kusine ist.

JACK: Ich wollte mich mit Gwendolen verloben, weiter nichts. Ich liebe sie.

ALGERNON: Nun, ich wollte mich mit Cecily verloben. Ich bete sie an.

JACK: Es besteht allerdings keine Aussicht, daß du Miss Cardew heiraten wirst.

ALGERNON: Ich halte es nicht für sehr wahrscheinlich, Jack, daß du und Miss Fairfax ein Paar werdet.

JACK: Das ist nicht deine Angelegenheit.

ALGERNON: Wäre es meine Angelegenheit, würde ich nicht darüber reden. *Beginnt, Buttersemmeln zu essen.* Es ist sehr vulgär, über seine eigene Angelegenheit zu reden. Nur Leute wie Effektenmakler tun das, und außerdem nur bei Dinnergesellschaften.

JACK: Wie du hier sitzen und ruhig Buttersemmeln essen kannst, während wir in dieser schrecklichen Verlegenheit sind, kann ich nicht begreifen. Du scheinst mir völlig herzlos zu sein.

ALGERNON: Ich kann Buttersemmeln nicht aufgeregt essen. Die Butter würde wahrscheinlich an meine Manschetten kommen. Man sollte Buttersemmeln stets ganz ruhig essen. Das ist die einzige Art und Weise, sie zu essen.

JACK: Ich finde es völlig herzlos von dir, unter diesen Umständen überhaupt Buttersemmeln zu essen.

ALGERNON: Wenn ich in Sorge bin, ist Essen das einzige, was mich tröstet. Wenn ich in wirklich großer Sorge bin, lehne ich tatsächlich, wie dir jeder, der mich gut kennt, erzählen kann, alles außer Essen und Trinken ab. Augenblicklich esse ich Buttersemmeln, weil ich unglücklich bin. Außerdem mag ich Buttersemmeln besonders gern. *Steht auf.*

JACK *steht ebenfalls auf:* Das ist kein Grund, sie alle so gierig zu verschlingen. *Nimmt Algernon die Buttersemmeln weg.*

ALGERNON *bietet ihm Teekuchen an:* Ich wünschte, du würdest statt dessen Teekuchen essen. Ich mag Teekuchen nicht.

JACK: Du lieber Himmel! Ein Mann darf doch wohl noch seine eigenen Buttersemmeln in seinem eigenen Hause essen.

ALGERNON: Aber du hast eben gesagt, es sei völlig herzlos, Buttersemmeln zu essen.

JACK: Ich habe gesagt, es sei von dir unter diesen Umständen völlig herzlos. Das ist etwas ganz anderes.

ALGERNON: Das mag sein. Aber die Buttersemmeln sind die gleichen. *Er entreißt Jack die Schüssel mit den Buttersemmeln.*

JACK: Algy, ich wünschte zu Gott, du würdest gehen.

ALGERNON: Du kannst mich doch nicht bitten zu gehen, ehe ich mein Dinner gehabt habe. Das ist absurd. Ich gehe nie ohne mein Dinner. Niemand tut das jemals außer Vegetariern und ähnlichen Leuten. Außerdem habe ich eben mit Doktor Chasuble verabredet, daß ich um dreiviertel sechs auf den Namen Ernst getauft werde.

JACK: Mein lieber Junge, je eher du den Blödsinn aufgibst, desto besser. Ich habe heute vormittag mit Doktor Chasuble verabredet, daß ich um halb sechs getauft werde, und natürlich werde ich den Namen Ernst annehmen. Gwendolen würde es wünschen. Wir können nicht beide Ernst getauft werden. Das ist albern. Außerdem habe ich durchaus das Recht, mich taufen zu lassen, wenn ich will. Es gibt keinerlei Beweis, daß ich jemals von irgend jemand getauft worden bin. Ich würde es für höchst wahrscheinlich halten, daß ich nie getauft wurde, und das meint auch Doktor Chasuble. Dein Fall liegt ganz anders. Du bist bereits getauft worden.

ALGERNON: Ja, aber ich bin seit Jahren nicht mehr getauft.

JACK: Ja, aber du bist getauft worden. Das ist das Wichtigste.

ALGERNON: Ganz recht. Deshalb weiß ich, daß meine Konstitution es vertragen kann. Wenn du nicht ganz sicher bist, ob du jemals getauft wurdest, dann, muß ich sagen, halte ich es für ziemlich gefährlich, wenn du es jetzt riskierst. Es könnte dich sehr unpäßlich machen. Du kannst doch wohl nicht vergessen haben, daß jemand, der sehr eng mit dir verbunden war, diese Woche in Paris durch eine schwere Erkältung fast dahingerafft wurde.

JACK: Ja, aber du hast selbst gesagt, daß eine schwere Erkältung nicht erblich oder etwas dergleichen ist.

ALGERNON: Ich weiß, sie pflegte es nicht zu sein – aber ich

möchte behaupten, jetzt ist sie es. Die Wissenschaft macht ständig erstaunliche Fortschritte.

JACK *nimmt den Teller mit Buttersemmeln:* Ach, das ist Unsinn. Alles, was du redest, ist Unsinn.

ALGERNON: Jack, du bist schon wieder an den Buttersemmeln! Ich wünschte, du ließest das sein. Es sind nur noch zwei übrig. *Nimmt sie weg.* Ich habe dir gesagt, daß ich Buttersemmeln besonders gern mag.

JACK: Aber ich hasse Teekuchen.

ALGERNON: Warum in aller Welt duldest du dann, daß deinen Gästen Teekuchen vorgesetzt wird? Welche Vorstellungen du von Gastfreundschaft hast!

JACK: Algernon! Ich habe dir bereits gesagt, du sollst gehen. Ich will dich hier nicht haben. Warum gehst du nicht?

ALGERNON: Ich bin noch nicht ganz fertig mit meinem Tee, und es ist noch eine Buttersemmel übrig.

Jack stöhnt, läßt sich in einen Sessel fallen und vergräbt das Gesicht in den Händen. Algernon ißt weiter.

DRITTER AKT

Damenzimmer im Manor House. Gwendolen und Cecily stehen am Fenster und schauen in den Garten.

GWENDOLEN: Die Tatsache, daß sie uns nicht sofort in den Garten gefolgt sind, wie es jeder andere getan hätte, scheint mir zu beweisen, daß sie sich noch einen Rest Schamgefühl bewahrt haben.

CECILY: Sie haben Buttersemmeln gegessen. Das sieht nach Reue aus.

GWENDOLEN: *nach einer Pause:* Sie scheinen uns überhaupt nicht zu bemerken. Könntest du nicht mal husten?

CECILY: Aber ich hab keinen Husten.

GWENDOLEN: Sie schauen zu uns her. Welche Frechheit!

CECILY: Sie nähern sich. Das ist sehr dreist von ihnen.

GWENDOLEN: Laß uns würdevolles Schweigen bewahren.

CECILY: Allerdings. Es ist das einzige, was jetzt zu tun ist. *Jack und Algernon beginnen, eine scheußliche populäre Melodie aus einer englischen Oper zu pfeifen.*

GWENDOLEN: Dieses würdevolle Schweigen scheint eine unangenehme Wirkung hervorzurufen.

CECILY: Eine höchst abscheuliche.

GWENDOLEN: Aber wir werden nicht als erste reden.

CECILY: Bestimmt nicht.

GWENDOLEN: Mr. Worthing, ich habe Sie etwas Besonderes zu fragen. Viel hängt von Ihrer Antwort ab.

CECILY: Gwendolen, dein gesunder Menschenverstand ist nicht zu überbieten. Mr. Moncrieff, beantworten Sie mir freundlicherweise die folgende Frage: Warum haben Sie vorgegeben, meines Vormunds Bruder zu sein?

ALGERNON: Damit ich eine Gelegenheit hätte, dich kennenzulernen.

CECILY *zu Gwendolen:* Das scheint mir allerdings eine befriedigende Erklärung. meinst du nicht?

GWENDOLEN: Ja, meine Liebe, wenn du ihm glauben kannst.

CECILY: Tu ich nicht. Aber es beeinträchtigt nicht die wunderbare Schönheit seiner Antwort.

GWENDOLEN: Stimmt. In Dingen von schwerwiegender Bedeutung ist Stil das Wesentliche, nicht Aufrichtigkeit. Mr. Worthing, welche Erklärung können Sie mir dafür bieten, daß Sie vorgaben, einen Bruder zu besitzen? Geschah das, damit Sie eine Gelegenheit hätten, so oft wie möglich nach London zu kommen, um mich zu sehen?

JACK: Können Sie daran zweifeln, Miss Fairfax?

GWENDOLEN: Ich hege die ernstesten Zweifel über den Gegenstand. Doch ich gedenke sie zu unterdrücken. Dies ist nicht der Augenblick für deutschen Skeptizismus. *Geht zu Cecily.* Ihre Erklärungen erscheinen mir durchaus befriedigend, vor allem Mr. Worthings. Diese scheint mir den Stempel der Wahrheit zu tragen.

CECILY: Ich bin mehr als zufrieden mit dem, was Mr. Moncrieff sagte. Schon allein seine Stimme erfüllt einen mit blindem Vertrauen.

GWENDOLEN: Dann meinst du, wir sollten ihnen verzeihen?

CECILY: Ja. Ich meine, nein.

GWENDOLEN: Stimmt! Ich hatte vergessen. Es stehen Grundsätze auf dem Spiel, die man nicht aufgeben kann. Wer von uns sollte es ihnen sagen? Es ist keine angenehme Aufgabe.

CECILY: Könnten wir nicht beide gleichzeitig reden?

GWENDOLEN: Eine ausgezeichnete Idee! Ich rede immer mit andern Leuten gleichzeitig. Soll ich das Tempo angeben?

CECILY: Gewiß. *Gwendolen schlägt mit dem Finger den Takt.*

GWENDOLEN UND CECILY *zusammen:* Ihre Taufnamen sind immer noch eine unüberwindliche Schranke. Das ist alles!

JACK UND ALGERNON *zusammen:* Unsere Taufnamen!

Ist das alles? Aber wir lassen uns ja heute nachmittag taufen.

GWENDOLEN *zu Jack:* Um meinetwillen sind Sie bereit, diese schreckliche Sache auf sich zu nehmen?

JACK: Ich bin es.

CECILY *zu Algernon:* Mir zu Gefallen sind Sie bereit, sich dieser furchtbaren Prüfung zu unterziehen?

ALGERNON: Ich bin es!

GWENDOLEN: Wie albern, von der Gleichheit der Geschlechter zu reden! Wo es um Fragen der Selbstaufopferung geht, übertreffen uns die Männer unendlich.

JACK: So ist es. *Schlägt in Algernons Hand ein.*

CECILY: Sie haben Augenblicke physischer Tapferkeit, wie wir Frauen sie absolut nicht haben.

GWENDOLEN *zu Jack:* Liebling.

ALGERNON *zu Cecily:* Liebling!

Sie sinken einander in die Arme. Merriman tritt ein. Angesichts der Situation räuspert er sich laut.

MERRIMAN: Ahem! Ahem! Lady Bracknell!

JACK: Du lieber Himmel!

Lady Bracknell tritt ein. Die Paare fahren erschreckt auseinander. Merriman geht ab.

LADY BRACKNELL: Gwendolen! Was hat das zu bedeuten?

GWENDOLEN: Nur, daß ich mich mit Mr. Worthing verlobt habe, Mama.

LADY BRACKNELL: Komm her. Setz dich. Setz dich auf der Stelle. Unschlüssigkeit jeder Art ist bei jungen Menschen ein Zeichen geistigen Verfalls, physischer Schwäche bei alten. *Wendet sich Jack zu.* In Kenntnis gesetzt, Sir, von der unvermuteten Flucht meiner Tochter durch ihre getreue Zofe, deren Vertrauen ich mit Hilfe eines kleinen Geldstücks erkaufte, folgte ich ihr sogleich in einem Güterzug. Ihr unglücklicher Vater steht, wie ich zu meiner Freude sagen kann, unter dem Eindruck, sie wohne einer mehr als üblich in die Länge gezogenen Vorlesung innerhalb der Abendkurse zur Verbreitung von Universitätsbildung über den Einfluß eines dauerhaften Einkommens auf das Denken bei. Ich habe nicht die Absicht, ihm die Augen zu öffnen. Das habe ich tatsächlich noch nie getan, ganz gleich, worum es ging. Ich hielte es für falsch. Aber natürlich werden Sie zweifellos verstehen, daß jede Verbindung zwischen Ihnen und meiner Tochter von diesem Augenblick an sofort aufhören muß. In diesem Punkt, wie freilich in jedem anderen Punkt, bleibe ich fest.

JACK: Ich bin mit Gwendolen verlobt, Lady Bracknell!

LADY BRACKNELL: Sie sind nichts dergleichen, Sir. Und jetzt, was Algernon betrifft! ... Algernon!

ALGERNON: Ja, Tante Augusta.

LADY BRACKNELL: Darf ich fragen, ob in diesem Hause dein kranker Freund Bunbury wohnt?

ALGERNON *stammelnd:* Oh! Nein! Bunbury wohnt hier nicht. Bunbury ist augenblicklich woanders. Tatsächlich ist Bunbury tot.

LADY BRACKNELL: Tot! Wann ist Mr. Bunbury gestorben? Sein Tod muß überaus plötzlich eingetreten sein.

ALGERNON *leichthin:* Ach! ich habe Bunbury heute nachmittag umgebracht. Ich meine, der arme Bunbury starb heute nachmittag.

LADY BRACKNELL: Woran starb er?

ALGERNON: Bunbury? Ach, er ist völlig zerplatzt.

LADY BRACKNELL: Zerplatzt! War er das Opfer einer revolutionären Ausschreitung? Ich wußte nicht, daß sich Mr. Bunbury für soziale Gesetzgebung interessierte. Wenn ja, so ist er für seine Krankhaftigkeit gehörig bestraft worden.

ALGERNON: Meine liebe Tante Augusta, ich meine damit, er wurde entdeckt! Die Ärzte entdeckten, daß Bunbury nicht leben könne, das will ich damit sagen – deshalb starb Bunbury.

LADY BRACKNELL: Er scheint großes Vertrauen zu der Ansicht seiner Ärzte gehabt zu haben. Doch ich freue mich, daß er sich endlich zu einer entschiedenen Handlungsweise entschloß und nach angemessenem medizinischem Rat handelte. Und jetzt, da wir diesen Mr. Bunbury schließlich los sind, darf ich fragen, Mr. Worthing, wer diese junge Person ist, deren Hand mein Neffe Algernon auf eine, wie mir scheint, besonders unnötige Weise hält?

JACK: Die Dame ist Miss Cecily Cardew, mein Mündel.

Lady Bracknell verneigt sich kühl gegen Cecily.

ALGERNON: Ich bin mit Cecily verlobt, Tante Augusta.

LADY BRACKNELL: Wie beliebt?

CECILY: Mr. Moncrieff und ich sind verlobt, Lady Bracknell.

LADY BRACKNELL *geht schaudernd zum Sofa und setzt sich:* Ich weiß nicht, ob etwas besonders Aufregendes in gerade diesem Teil von Hertfordshire liegt, aber die Anzahl der Verlobungen, die geschlossen werden, scheint mir erheblich über dem schicklichen Durchschnitt zu liegen, den Statistiken uns als Richtschnur gegeben haben. Ich denke, eine Voruntersuchung meinerseits wäre

87

nicht unangebracht. Mr. Worthing, steht Miss Cardew in Beziehung zu irgendeinem der größeren Bahnhöfe in London? Nur zu meiner Information. Bis gestern hatte ich keine Ahnung, daß es Familien oder Personen gibt, deren Herkunft ein Hauptbahnhof ist.

JACK *blickt äußerst wütend drein, hält sich aber zurück; mit klarer, leidenschaftsloser Stimme:* Miss Cardew ist die Enkelin des verstorbenen Mr. Thomas Cardew, 149 Belgrave Square, Südwesten; Gervase Park, Dorking, Surrey und The Sporran, Fifeshire, Nord-Britannien.

LADY BRACKNELL: Das klingt nicht unbefriedigend. Drei Adressen flößen stets Vertrauen ein, selbst Händlern. Aber welchen Beweis habe ich für ihre Echtheit?

JACK: Ich habe die Hofadreßbücher aus jener Zeit sorgfältig aufbewahrt. Sie stehen Ihrer Durchsicht zur Verfügung, Lady Bracknell.

LADY BRACKNELL *grimmig:* Ich habe in dieser Publikation sonderbare Irrtümer erlebt.

JACK: Miss Cardews Familienanwälte sind die Herren Markby, Markby und Markby.

LADY BRACKNELL: Markby, Markby und Markby? Eine Firma von allerhöchstem Rang in ihrem Metier. Einer von den Herren Markby soll tatsächlich hin und wieder bei Dinnergesellschaften zu sehen sein. Soweit bin ich befriedigt.

JACK *höchst gereizt:* Wie überaus gütig von Ihnen, Lady Bracknell! In meinem Besitz befinden sich auch, was Sie mit Freuden vernehmen werden, Bescheinigungen über Miss Cardews Geburt, Taufe, Keuchhusten, Schulbesuch, Pockenimpfung, Konfirmation und die Masern, sowohl die deutsche wie die englische Abart.

LADY BRACKNELL: Ah, ich verstehe, ein Leben voller Zwischenfälle, wenn auch vielleicht etwas zu aufregend für ein junges Mädchen. Ich bin nicht für vorzeitige Erfahrungen. *Steht auf, blickt auf ihre Uhr.* Gwendolen! Die Zeit unserer Abreise naht. Wir haben keinen Augenblick zu verlieren. Der Form halber sollte ich Sie besser noch fragen, Mr. Worthing, ob Miss Cardew ein kleines Vermögen besitzt?

JACK: Oh! So um die hundertdreißigtausend Pfund in Staatspapieren. Das ist alles. Leben Sie wohl, Lady Bracknell. Sehr erfreut, Sie gesehen zu haben.

LADY BRACKNELL *setzt sich wieder:* Einen Augenblick, Mr. Worthing. Einhundertdreißigtausend Pfund! Und in Staatspapieren! Miss Cardew scheint mir jetzt, da ich sie so ansehe, eine höchst reizvolle junge Dame zu sein. Wenige Mädchen haben heutzutage wirklich gediegene Qualitäten, irgendwelche Qualitäten, die von Dauer sind und mit der Zeit zunehmen. Wir leben, muß ich leider sagen, in einer Zeit der Äußerlichkeiten. *Zu Cecily.* Kommen Sie her, Liebes. *Cecily geht zu ihr.* Hübsches Kind! Ihr Kleid ist sehr einfach, und Ihr Haar scheint mir beinahe so, wie die Natur es wohl gelassen hat. Aber all das können wir bald ändern. Eine gründlich erfahrene französische Zofe erzielt in einem sehr kurzen Zeitraum einen wahrhaftig wunderbaren Erfolg. Ich erinnere mich, daß ich der jungen Lady Lancing eine empfahl, und nach drei Monaten erkannte sie ihr eigener Gatte nicht.

JACK: Und nach sechs Monaten erkannte sie niemand.

LADY BRACKNELL *starrt Jack ein paar Augenblicke wütend an. Dann neigt sie sich mit geübtem Lächeln Cecily zu:* Seien Sie so freundlich und drehen Sie sich um, süßes Kind. *Cecily dreht sich ganz um.* Nein, die Seitenansicht möchte ich. *Cecily bietet ihr Profil dar.* Ja, genau, was ich erwartet habe. In Ihrem Profil liegen entschieden gesellschaftliche Möglichkeiten. Die beiden schwachen Punkte in unserm Zeitalter sind sein Mangel an Prinzip und sein Mangel an Profil. Das Kinn ein wenig höher, Liebes. Stil hängt weitgehend davon ab, auf welche Weise das Kinn getragen wird. Es wird gerade jetzt sehr hoch getragen. Algernon!

ALGERNON: Ja, Tante Augusta!

LADY BRACKNELL: In Miss Cardews Profil liegen entschieden gesellschaftliche Möglichkeiten.

ALGERNON: Cecily ist das süßeste, liebste, hübscheste Mädchen auf der ganzen Welt. Und aus gesellschaftlichen Möglichkeiten mache ich mir nicht das geringste.

LADY BRACKNELL: Sprich niemals geringschätzig von der Gesellschaft, Algernon. Das tun nur Leute, die nicht hineingelangen können. *Zu Cecily.* Liebes Kind, natürlich wissen Sie, daß Algernon kein Vermögen außer Schulden hat. Aber Geldheiraten halte ich gar nicht für gut. Als ich Lord Bracknell heiratete, besaß ich keinerlei Vermögen. Aber ich habe nicht einen Augenblick auch nur im Traum daran gedacht, mich dadurch stören zu lassen. Nun ja, ich muß wohl meine Einwilligung geben.

ALGERNON: Vielen Dank, Tante Augusta.

LADY BRACKNELL: Cecily, Sie dürfen mich küssen!

CECILY *küßt sie:* Vielen Dank, Lady Bracknell.

LADY BRACKNELL: Sie dürfen mich in Zukunft auch mit Tante Augusta anreden.

CECILY: Vielen Dank, Tante Augusta.

LADY BRACKNELL: Die Hochzeit, denke ich, sollte am besten recht bald stattfinden.

ALGERNON: Danke, Tante Augusta.

CECILY: Danke, Tante Augusta.

LADY BRACKNELL: Offen gesagt, ich bin nicht für lange Verlobungen. Sie geben den Leuten Gelegenheit, vor der Ehe einer des andern Charakter zu ergründen, was ich nie und nimmer für ratsam halte.

JACK: Verzeihen Sie, daß ich Sie unterbreche, Lady Bracknell, aber dieses Verlöbnis kommt überhaupt nicht in Frage. Ich bin Miss Cardews Vormund, und sie kann, ehe sie volljährig ist, nicht ohne meine Einwilligung heiraten. Und ich lehne es unbedingt ab, diese Einwilligung zu geben.

LADY BRACKNELL: Darf ich fragen, aus welchen Gründen? Algernon ist ein ungemein, ich darf fast sagen, übertrieben heiratsfähiger junger Mann. Er hat nichts, sieht aber nach allem aus. Was kann man mehr wünschen?

JACK: Es schmerzt mich sehr, Lady Bracknell, daß ich mit Ihnen offen über Ihren Neffen sprechen muß, aber Tatsache ist, daß ich seinen sittlichen Charakter keineswegs gutheiße. Ich habe ihn im Verdacht, unwahrhaftig zu sein.

Algernon und Cecily sehen ihn in entrüstetem Staunen an.

LADY BRACKNELL: Unwahrhaftig? Mein Neffe Algernon? Unmöglich! Er hat die Universität Oxford besucht.

JACK: Ich fürchte, es kann keinen Zweifel über die Sache geben. Heute nachmittag, während meiner vorüberge-

henden Abwesenheit in London wegen einer bedeu-
tungsvollen romantischen Angelegenheit, hat er durch
die falsche Vorspiegelung, mein Bruder zu sein, Zutritt
zu meinem Hause erlangt. Unter einem angenommenen
Namen trank er, wie mir soeben mein Butler mitteilte,
eine ganze Flasche von meinem Perrier-Jouet, Jahrgang
89, einem Wein, den ich speziell für mich aufhob. Indem
er seine schändliche Täuschung fortsetzte, gelang es ihm
im Laufe des Nachmittags, mir die Zuneigung meines
einzigen Mündels zu rauben. Danach blieb er zum Tee
und verschlang alle Buttersemmeln. Und was sein Betragen um so herzloser macht, ist, daß er von Anfang an
wußte, ich habe keinen Bruder, ich habe nie einen Bruder gehabt, und ich gedenke auch nicht, einen Bruder zu
bekommen, nicht einmal einen irgendwie gearteten.
Das habe ich ihm selbst gestern nachmittag klar und
deutlich gesagt.

LADY BRACKNELL: Ahem! Mr. Worthing, nach sorgfälti-
ger Überlegung habe ich beschlossen, über das Betragen meines Neffen gegen Sie völlig hinwegzusehen.

JACK: Das ist sehr großmütig von Ihnen, Lady Bracknell.
Doch mein eigener Entschluß ist unabänderlich. Ich
lehne es ab, meine Einwilligung zu geben.

LADY BRACKNELL *zu Cecily:* Kommen Sie her, süßes
Kind. *Cecily geht zu ihr.* Wie alt sind Sie, Liebes?

CECILY: Nun, in Wirklichkeit bin ich erst achtzehn, aber
ich gebe immer zwanzig zu, wenn ich Abendgesellschaften besuche.

LADY BRACKNELL: Sie haben völlig recht, eine kleine
Änderung vorzunehmen. Tatsächlich sollte keine Frau
jemals peinlich genau mit ihrem Alter sein. Es sieht so

berechnend aus ... *Sinnend.* Achtzehn, gibt aber bei Abendgesellschaften zwanzig zu. Nun ja, es ist nicht mehr lange hin, bis Sie mündig sind und frei von dem Zwang der Vormundschaft. Deshalb halte ich Ihres Vormunds Einwilligung im Grunde genommen nicht für etwas von Bedeutung.

JACK: Entschuldigen Sie bitte, Lady Bracknell, daß ich Sie abermals unterbreche, aber es ist nicht mehr als anständig, Ihnen mitzuteilen, daß Miss Cardew nach den Bestimmungen im Testament ihres Großvaters erst mit fünfunddreißig gesetzlich volljährig wird.

LADY BRACKNELL: Das scheint mir kein gewichtiger Einwand zu sein. Fünfunddreißig ist ein sehr reizvolles Alter. Die Londoner Gesellschaft ist voll von Frauen vornehmster Herkunft, die aus eigener freier Wahl seit Jahren fünfunddreißig geblieben sind. Lady Dumbleton ist ein Beweis dafür. Soviel ich weiß, ist sie fünfunddreißig, seit sie das Alter von vierzig erreichte, und das ist schon viele Jahre her. Ich sehe keinen Grund, warum unsere liebe Cecily in dem von Ihnen erwähnten Alter nicht noch anziehender sein sollte, als sie jetzt ist. Das Vermögen wird dann beträchtlich angewachsen sein.

CECILY: Algy, könntest du auf mich warten, bis ich fünfunddreißig geworden bin?

ALGERNON: Natürlich könnte ich das, Cecily. Du weißt, daß ich es könnte.

CECILY: Ja, ich habe es instinktiv gefühlt, aber ich könnte nicht die ganze Zeit warten. Ich hasse es, auch nur fünf Minuten auf jemand zu warten. Es macht mich immer so verdrießlich. Ich selbst bin nicht pünktlich, ich weiß, aber ich liebe Pünktlichkeit bei anderen, und warten, selbst um zu heiraten, kommt gar nicht in Betracht.

ALGERNON: Was ist dann zu tun, Cecily?

CECILY: Ich weiß es nicht, Mr. Moncrieff.

LADY BRACKNELL: Mein lieber Mr. Worthing, da Miss Cecily ausdrücklich erklärt, daß sie nicht warten kann, bis sie fünfunddreißig ist – eine Bemerkung, die mir, wie ich sagen muß, ein etwas ungeduldiges Wesen zu offenbaren scheint –, würde ich Sie bitten, Ihren Entschluß noch einmal zu überlegen.

JACK: Aber meine liebe Lady Bracknell, die Sache liegt völlig in Ihrer Hand. In dem Augenblick, da Sie in meine Vermählung mit Gwendolen einwilligen, werde ich mit tausend Freuden Ihrem Neffen gestatten, daß er sich mit meinem Mündel vermählt.

LADY BRACKNELL *steht auf und wirft sich in die Brust:* Sie müssen sich völlig darüber klar sein, daß Ihr Vorschlag nicht in Betracht kommt.

JACK: Dann ist ein leidenschaftliches Zölibat alles, was jeder von uns erwarten darf.

LADY BRACKNELL: Das ist nicht das Los, das ich für Gwendolen im Sinn habe. Algernon kann natürlich selbst wählen. *Zieht ihre Uhr.* Komm, Liebes – *Gwendolen steht auf –,* wir haben bereits fünf, wenn nicht sechs Züge versäumt. Einen weiteren zu versäumen könnte uns auf dem Bahnsteig anzüglichen Bemerkungen aussetzen.

Dr. Chasuble tritt ein.

CHASUBLE: Alles ist völlig bereit für die Taufen.

LADY BRACKNELL: Die Taufen, Sir? Ist das nicht etwas voreilig?

CHASUBLE *blickt etwas verdutzt drein und deutet auf Jack und Algernon:* Diese beiden Herren haben den Wunsch nach unverzüglicher Taufe geäußert.

LADY BRACKNELL: In ihrem Alter? Die Idee ist grotesk und gottlos! Algernon, ich verbiete dir, dich taufen zu lassen. Von solchen Exzessen will ich nichts hören. Lord Bracknell wäre höchst ungehalten, wenn er erführe, daß du auf diese Weise deine Zeit und dein Geld vergeudest.

CHASUBLE: Habe ich das so zu verstehen, daß heute nachmittag überhaupt keine Taufen stattfinden sollen?

JACK: So wie die Dinge jetzt liegen, glaube ich nicht, daß es für einen von uns von bedeutendem praktischen Wert wäre, Doktor Chasuble.

CHASUBLE: Es schmerzt mich, solche Ansichten von Ihnen zu hören, Mr. Worthing. Sie klingen nach den ketzerischen Anschauungen der Wiedertäufer, Anschauungen, die ich in vieren meiner unveröffentlichten Predigten völlig widerlegt habe. Da Sie sich jedoch zur Zeit in einer besonders weltlichen Gemütsverfassung befinden, werde ich sogleich in die Kirche zurückgehen. In der Tat wurde mir soeben vom Kirchendiener mitgeteilt, daß seit anderthalb Stunden Miss Prism in meiner Sakristei auf mich wartet.

LADY BRACKNELL *stutzt:* Miss Prism? hörte ich Sie eine Miss Prism erwähnen?

CHASUBLE: Ja, Lady Bracknell, ich bin auf dem Wege, sie zu treffen.

LADY BRACKNELL: Erlauben Sie mir bitte, Sie noch einen Augenblick aufzuhalten. Diese Sache mag sich als eine von höchst wesentlicher Bedeutung für Lord Bracknell und mich erweisen. Ist diese Miss Prism eine Frauensperson von abstoßendem Äußeren, und hat sie entfernt etwas mit Erziehung zu tun?

CHASUBLE *etwas entrüstet:* Sie ist die gebildetste aller Damen und ein wahres Muster an Ehrbarkeit.

LADY BRACKNELL: Es ist offensichtlich dieselbe Person. Darf ich fragen, welche Stellung sie in Ihrem Haushalt einnimmt?

CHASUBLE *streng:* Ich bin ehelos, Madam.

JACK *wirft ein:* Miss Prism, Lady Bracknell, ist seit drei Jahren Miss Cardews hochgeschätzte Gouvernante und wertgehaltene Gesellschafterin.

LADY BRACKNELL: Ungeachtet dessen, was ich von ihr höre, muß ich sie unverzüglich sehen. Lassen Sie sie holen.

CHASUBLE *hat den Blick abgewandt:* Sie kommt, sie naht. *Hastig tritt Miss Prism ein.*

MISS PRISM: Mir wurde gesagt, Sie erwarteten mich in der Sakristei, lieber Kanonikus. Ich habe dort eindreiviertel Stunde Ihrer geharrt. *Erblickt Lady Bracknell, die sie mit versteinertem Blick fixiert. Miss Prism erbleicht und fährt zusammen. Sie schaut angstvoll um sich, als wolle sie entfliehen.*

LADY BRACKNELL *in gestrengem und richterlichem Ton:* Prism! *Miss Prism beugt schamvoll den Kopf.* Kommen Sie her, Prism! *Miss Prism nähert sich ihr in demütiger Haltung.* Prism! Wo ist das Baby?

Allgemeine Bestürzung. Der Kanonikus fährt entsetzt zurück. Algernon und Jack tun so, als seien sie besorgt, Cecily und Gwendolen davor zu behüten, daß sie die Einzelheiten eines furchtbaren öffentlichen Skandals hören.

Vor achtundzwanzig Jahren, Prism, verließen Sie Lord Bracknells Haus, Upper Grosvenor Street Nummer 104, mit einem Kinderwagen betraut, der ein Baby männlichen Geschlechts enthielt. Sie sind nie zurückgekehrt. Ein paar Wochen später wurde dank den sorgfältigen Nachforschungen der Londoner Polizei der Kinderwagen entdeckt, als er um Mitternacht verlassen in einem entlegenen Winkel von Bayswater stand. Er enthielt das Manuskript eines dreibändigen Romans von mehr als üblich abstoßender Sentimentalität. *Miss Prism zuckt in unwillkürlicher Entrüstung zusammen.* Aber das Baby war nicht da. *Alle sehen Miss Prism an.* Prism! Wo ist das Baby?
Pause.

MISS PRISM: Lady Bracknell, ich gestehe voller Scham, daß ich es nicht weiß. Ich wünschte nur, ich wüßte es. Die schlichten Tatsachen des Falles sind folgende. An dem Morgen des von Ihnen erwähnten Tages, eines Tages, der für ewig in mein Gedächtnis eingebrannt ist, machte ich mich wie gewöhnlich bereit, das Baby in seinem Kinderwagen auszufahren. Ich hatte auch eine etwas alte, geräumige Handtasche bei mir, in der ich das Manuskript eines Dichtwerks, das ich in meinen wenigen Mußestunden geschrieben hatte, unterzubringen gedachte. In einem Augenblick geistiger Abwesenheit, den ich mir selbst nie verzeihen kann, legte ich das Manuskript in den Kinderwagen und das Baby in die Handtasche.

JACK *der aufmerksam zugehört hat:* Aber wo deponierten Sie die Handtasche?

MISS PRISM: Fragen Sie mich nicht, Mr. Worthing.

JACK: Miss Prism, dies ist eine Sache von nicht geringer Bedeutung für mich. Ich bestehe darauf zu erfahren, wo Sie die Handtasche deponierten, die das Baby enthielt.

MISS PRISM: Ich ließ sie in der Gepäckaufbewahrung eines der größeren Bahnhöfe Londons.

JACK: Welchen Bahnhofs?

MISS PRISM *völlig niedergeschmettert:* Victoria. Linie nach Brighton. *Sinkt in einen Sessel.*

JACK: Ich muß mich für einen Augenblick auf mein Zimmer zurückziehen. Gwendolen, warte hier auf mich!

GWENDOLEN: Wenn du nicht zu lange bleibst, will ich hier mein ganzes Leben auf dich warten.

Jack entfernt sich in großer Aufregung.

CHASUBLE: Was, meinen Sie, bedeutet das, Lady Bracknell?

LADY BRACKNELL: Ich wage es nicht einmal zu vermuten, Doktor Chasuble. Ich brauche Ihnen schwerlich zu sagen, daß man gemeinhin nicht annimmt, in Familien von hohem Rang könnten sich befremdliche Zufälle ereignen. Sie werden kaum für schicklich angesehen.

Von oben sind Geräusche zu vernehmen, als würfe jemand Koffer umher. Alle blicken empor.

CECILY: Onkel Jack scheint merkwürdig aufgeregt.

CHASUBLE: Ihr Vormund hat ein sehr gefühlvolles Wesen.

LADY BRACKNELL: Dieses Geräusch ist im höchsten Grade unangenehm. Es klingt, als habe er eine Auseinandersetzung. Ich liebe keinerlei Auseinandersetzungen. Sie sind stets vulgär – und häufig überzeugend.

CHASUBLE *blickt nach oben:* Jetzt hat es aufgehört.

Der Lärm beginnt von neuem, in doppelter Stärke.

LADY BRACKNELL: Ich wünschte, er käme zu einem Abschluß.

GWENDOLEN: Diese Ungewißheit ist schrecklich. Ich hoffe, sie hält an.

Jack erscheint, eine Handtasche aus schwarzem Leder in der Hand.

JACK *stürzt auf Miss Prism zu:* Ist dies die Handtasche, Miss Prism? Prüfen Sie sie sorgfältig, ehe Sie sprechen. Das Glück mehr als eines Lebens hängt von Ihrer Antwort ab.

MISS PRISM *ruhig:* Es scheint die meine zu sein. Ja, hier ist die Stelle, wo sie beschädigt wurde, als in jüngeren und glücklicheren Tagen in der Gower Street der Omnibus umstürzte. Hier ist der Fleck im Futter, der durch den Erguß eines Temperenzlergetränks verursacht wurde, ein Vorfall, der sich in Leamington ereignete. Und hier, am Schloß, sind meine Initialen. Ich hatte vergessen, daß ich sie in einer überschwenglichen Laune dort hatte anbringen lassen. Die Tasche ist unzweifelhaft die meine. Ich bin hocherfreut, daß sie mir so unerwartet wiedergegeben ist. Es war eine große Unbequemlichkeit, all die Jahre ohne sie auszukommen.

JACK *in feierlichem Ton:* Miss Prism, Ihnen wird mehr wiedergegeben als diese Handtasche. Ich war das Baby, das Sie hineinlegten.

MISS PRISM *höchst erstaunt:* Sie?

JACK *umarmt sie:* Ja ... Mutter!

MISS PRISM *weicht in entrüstetem Staunen zurück:* Mr. Worthing, ich bin unverheiratet!

JACK: Unverheiratet! Ich leugne es nicht, das ist ein

schwerer Schlag. Aber wer hat schließlich das Recht, einen Stein auf jemand zu werfen, der gelitten hat? Vermag nicht Reue, eine törichte Handlung auszulöschen? Warum sollte es ein Gesetz für Männer und ein anderes für Frauen geben? Mutter, ich verzeihe dir. *Versucht sie abermals zu umarmen.*

MISS PRISM *noch entrüsteter:* Mr. Worthing, da liegt ein Irrtum vor. *Zeigt auf Lady Bracknell.* Da ist die Dame, die Ihnen sagen kann, wer Sie in Wirklichkeit sind.

JACK *nach einer Pause:* Lady Bracknell, ich hasse es, neugierig zu erscheinen, aber würden Sie mir freundlicherweise mitteilen, wer ich bin?

LADY BRACKNELL: Ich fürchte, die Neuigkeit, die ich dir mitzuteilen habe, wird dir nicht so ganz und gar gefallen. Du bist der Sohn meiner armen Schwester, Mrs. Moncrieff, und folglich Algernons älterer Bruder.

JACK: Algys älterer Bruder? Dann hab ich am Ende doch einen Bruder. Ich wußte, daß ich einen Bruder habe! Ich habe immer gesagt, daß ich einen Bruder hätte! Cecily, wie konntest du jemals daran zweifeln, daß ich einen Bruder habe. *Berührt Algernon.* Doktor Chasuble, mein unglücklicher Bruder. Miss Prism, mein unglücklicher Bruder. Gwendolen, mein unglücklicher Bruder. Algy, du junger Spitzbube, du wirst mich in Zukunft mit mehr Respekt behandeln müssen. Du hast dich dein Leben lang nie wie ein Bruder gegen mich betragen.

ALGERNON: Bis heute nicht, alter Junge, das gebe ich zu. *Schüttelt ihm die Hand.* Aber ich tat mein Bestes, wenn ich auch aus der Übung war.

GWENDOLEN *zu Jack:* Mein Einziger! Aber welcher Einzige bist du? Wie ist dein Taufname, nun, da du jemand anders geworden bist?

JACK: Himmel! ... Den Punkt hatte ich ja ganz vergessen. Dein Entschluß, was meinen Namen betrifft, ist unwiderruflich, nehme ich an?

GWENDOLEN: Ich ändere mich nie, außer in meinen Zuneigungen.

CECILY: Welch eine edle Natur du bist, Gwendolen!

JACK: Dann sollte die Frage lieber gleich geklärt werden. Tante Augusta, einen Augenblick. Zu der Zeit, als mich Miss Prism in der Handtasche zurückließ, war ich da bereits getauft?

LADY BRACKNELL: Jeder Luxus, der für Geld zu kaufen war, einschließlich Taufe, wurde von deinen liebevollen und vernarrten Eltern an dich verschwendet.

JACK: Dann wurde ich also getauft! Das ist ausgemacht. Nun, und welchen Namen bekam ich? Laß mich das Schlimmste wissen.

LADY BRACKNELL *nach einer Pause:* Da du der älteste Sohn warst, wurdest du natürlich nach deinem Vater genannt.

JACK *gereizt:* Ja, aber wie lautete der Taufname meines Vaters?

LADY BRACKNELL *grübelt nach:* Ich kann mich im Augenblick nicht auf den Namen des Generals besinnen. Aber ich zweifle nicht daran, daß er einen besaß. Er war in seiner Art heftig, ... aber erst in späteren Jahren – es war wohl eine Folge des indischen Klimas, der Ehe und mangelhafter Verdauung und dergleichen.

JACK: Algy, kannst du dich nicht erinnern, welchen Taufnamen unser Vater hatte?

ALGERNON: Mein lieber Junge, wir sprachen nie miteinander. Er starb, als ich ein Jahr alt war.

JACK: Vermutlich würde sein Name in den Ranglisten aus jener Zeit auftauchen, Tante Augusta?

LADY BRACKNELL: Der General war im wesentlichen ein Mann des Friedens, außer in seinem häuslichen Leben. Aber ich zweifle nicht, daß sein Name in einem militärischen Adreßbuch zu finden wäre.

JACK: Die Ranglisten der letzten vierzig Jahre haben wir hier. Diese entzückenden Verzeichnisse hätten meine ständige Lektüre sein sollen. *Eilt zum Bücherschrank und zieht Bücher heraus.* M. – Generale … Malam – was die für gräßliche Namen haben –, Markby, Migsby, Mobbs, Moncrieff! 1840 Leutnant; Hauptmann, Oberstleutnant, Oberst, 1869 General, Taufnamen Ernst John. *Legt das Buch geräuschlos hin und spricht ganz ruhig.* Ich habe dir stets gesagt, Gwendolen, mein Name ist Ernst, nicht wahr? Nun, am Ende ist er doch Ernst. Ich meine, natürlich ist er Ernst.

LADY BRACKNELL: Ja, jetzt erinnere ich mich, daß der General Ernst hieß. Ich wußte, daß ich einen besonderen Grund hatte, diesen Namen nicht zu mögen.

GWENDOLEN: Ernst! Mein einzig geliebter Ernst! Ich spürte von Anfang an, daß du keinen anderen Namen haben könntest!

JACK: Gwendolen, es ist eine schreckliche Sache für einen Mann, wenn er plötzlich entdeckt, daß er sein Leben lang nichts als die Wahrheit gesagt hat. Kannst du mir verzeihen?

GWENDOLEN: Ich kann. Denn ich fühle, daß du dich ändern wirst.

JACK: Meine einzig Geliebte!

CHASUBLE *zu Miss Prism:* Laetitia! *Umarmt sie.*

MISS PRISM *begeistert:* Frederick! Endlich!

ALGERNON: Cecily! *Umarmt sie.* Endlich!

JACK: Gwendolen! *Umarmt sie.* Endlich!

LADY BRACKNELL: Mein Neffe, du scheinst mir Anzeichen von Trivialität zu offenbaren.

JACK: Im Gegenteil, Tante Augusta, mir ist heute zum erstenmal klargeworden, daß es im Leben von höchster Bedeutung ist, Ernst zu sein.

ERNST SEIN!
DIE LOGIK DES ABSURDEN IN BUNBURY

Wer sich an jenem bitterkalten Abend des 14. Februars 1895 bei heftigem Schneetreiben seinen Weg durch die von Kutschen blockierte King Street in London bahnte, um im St. James's Theatre der Erstaufführung von *The Importance of Being Earnest* beizuwohnen, hat sein Kommen gewiß nicht bereut. Mit George Alexander (John Worthing), der zugleich für die Inszenierung verantwortlich zeichnete, Allan Aynesworth (Algernon Moncrieff), Irene Vanbrugh (Gwendolen Fairfax), Evelyn Millard (Cecily Cardew) und Rose Leclercq (Lady Bracknell) in den Hauptrollen war das Stück ein triumphaler Erfolg. Der Premiere folgten, ohne Unterbrechung, noch über 80 Aufführungen. Als es schließlich am 8. Mai vom Spielplan abgesetzt wurde, so nicht etwa deshalb, weil das Interesse des Publikums nachgelassen hätte, sondern weil sich sein Autor einige Tage zuvor wegen »grober Unzucht« mit Männern vor dem Central Criminal Court, Old Bailey, verantworten mußte; sogar sein Name wurde von den Plakaten und Programmen gestrichen, ein besonders krasses Beispiel viktorianischer Heuchelei!

Die Resonanz auf das Stück war so phänomenal, daß der Schauspieler Allan Aynesworth noch über ein halbes Jahrhundert später von diesem denkwürdigen Theaterabend schwärmte: »In den 53 Jahren meiner Bühnenlaufbahn kann ich mich an keinen größeren Triumph erinnern als an die Premiere von *The Importance of Being Earnest.*«[1] Vergleichbares hatten freilich auch die Kritiker noch nicht erlebt, die sich angesichts der Originalität dieses neuesten Produktes Wildeschen Witzes schwertaten, dem Stück mit den gewohnten Kategorien beizukommen. In welche Gattung gehörte es eigentlich? Komödie? Farce? Satire? Parodie? Um zu bestimmen, was mit vertrauten Genreklassifikationen nicht zu bestimmen war, behalfen sich einige Rezensenten mit Metaphern und Vergleichen aus dem Bereich der Sinneswahrnehmungen. Manchen erschien es wie eine »Fata Morgana in der Wüste« oder ein »papierner Ballon«, andere verglichen es mit einem *»rondo capriccioso«* oder hielten es für so unbeschreiblich wie »das Bouquet eines alten Cognacs« oder das »irisierende Licht eines Opals«, luftig wie ein »Soufflé«[2]: kurzum ein literarischer Augenschmaus und eine Gaumenfreude für jeden Feinschmecker der Kunst, ein Fest für alle Sinne. Wen das Stück allerdings so berauscht und verwirrt hatte, daß er in ihm überhaupt keinen Sinn erkennen konnte, befand kurz und bündig, es sei nichts weiter als purer *nonsense*, ein heiterer Bühnenspaß.

Inmitten des vielstimmigen Chors von zumeist akklamierenden ›Anwälten der Literatur‹ fällt das schrille Solo eines irischen Bekannten und Kollegen Wildes auf, der 1892 mit dem Drama *Widowers' Houses* als Theaterautor debütiert hatte: George Bernard Shaw. Er konnte offenbar dem allseits gefeierten und gepriesenen Kassenfüller des Konkurrenten nicht viel abgewinnen. Zwar räumte er – fast widerwillig, wie es scheint – ein, sich amüsiert zu haben (kein Wunder bei den unaufhörlichen »Zwerchfellmassagen«), doch werde er das Gefühl nicht los, einen Abend vertan zu haben, wenn ihn eine Komödie nicht auch anrühre. *Earnest* sei zu artifiziell und seine Bühnenwirkung gänzlich angewiesen auf »die Geziertheit des Witzes«. Doch damit nicht genug. Shaw ließ seiner sauertöpfisch anmutenden Kritik eine massive Publikumsschelte folgen. Wenn die Theaterbesucher denn endlich »intelligent« genug werden sollten, um zu wissen, wann sie sich wirklich gut unterhielten, werde es mit der »farcical comedy« ein Ende haben.[3] Mitnichten, Mr. Shaw! Das Publikum ließ sich von solchen Nörgeleien nicht beirren. Längst ist *The Importance of Being Earnest* zu einem Bühnenklassiker geworden; es wurde unzählige Male aufgeführt, von professionellen Schauspielern und Laiendarstellern gleichermaßen, einige Male vertont, 1952 in der Regie von Anthony Asquith verfilmt und seitdem mehrfach adaptiert, u. a. in Joe Ortons *What the Butler Saw* (1969) und Tom Stoppards *Travesties* (1974).

In Deutschland war das Rezeptionsinteresse nicht minder stark als in England. Von den 200 Inszenierungen aller vier Komödien Wildes zwischen 1902 und 1992, die Rainer Kohlmayer in seinem Buch *Oscar Wilde in Deutschland und Österreich* (1997) belegt hat, entfällt allein auf *Bunbury* ein knappes Drittel (64)[4]. Wie die jüngsten Inszenierungen von Peter Zadek (Berlin, 1980), B. K. Tragelehn (Düsseldorf, 1983) und Hans Hollmann (Frankfurt a. M., 1995) zeigen, ist seine Popularität ungebrochen.

Ein Stück zu schreiben, in dem fast alle Figuren »reines und unverwässertes ›Wildese‹«[5] zu sprechen scheinen, in dem Sprache so unverkennbar die idiosynkratische Signatur des Meisters trägt, die Handlung nicht schwerer wiegt als ein »paper balloon«, dürfte dem Autor nicht schwergefallen sein, so könnte man zumindest meinen. Wer aber die komplizierte Entstehungsgeschichte von *The Importance of Being Earnest* kennt, die hier nicht im einzelnen dargelegt werden kann, wird allerdings eines Besseren belehrt.[6]

Vom handschriftlichen Entwurf, der in den Monaten August und September des Jahres 1894 in Worthing entstand, bis zur Erstausgabe, die Leonard Smithers 1899 mit einem Einbanddesign von Charles H. Shannon herausbrachte, wurde der Text vielfach revidiert, korrigiert und gekürzt. Ursprünglich als Vierakter unter dem Titel *Lady Lancing* konzipiert, ließ sich Wilde in längeren, gelegentlich nervenaufreibenden Gesprächen mit dem Regisseur George Alexander davon überzeugen, daß die Kürzung des Stückes auf drei Akte seiner Bühnenwirksamkeit guttäte. Es wurden Namen geändert, z. B. Lady Brancester in Lady Bracknell umbenannt, und eine ganze Szene weggelassen, in der Rechtsanwalt Gribsby Algernon wegen nicht beglichener Rechnungen inhaftieren will, und zwar just in jenem Gefängnis, in dem wenige Monate später der Autor selbst als Untersuchungshäftling einsitzen sollte: Holloway Prison!

Die unumstrittene Originalität des Stückes ließ die Suche nach literarischen Quellen oder intertextuellen Bezügen nicht gerade als erfolgversprechend erscheinen. Bis in die 80er Jahre hinein haben solche detektivischen Bemühungen keine überzeugenden Resultate zutage gefördert, abgesehen von einem Hinweis auf einen Zeitgenossen Wildes, William S. Gilbert, dessen Posse *Engaged* (1879) in einigen situativen Details deutliche Anklänge an *Bunbury* aufweist. Erst Anfang der 1990er Jahre sind dem amerikanischen Kritiker Kerry Powell, der für sein Buch *Oscar Wilde and the Theatre of the 1890s* (1990) eine Unzahl heute zumeist vergessener, oft nicht einmal publizierter Theaterstücke der spätviktorianischen Zeit gesichtet hat, einige interessante Entdeckungen geglückt. So fand er nicht nur den Namen Bunbury in einer unveröffentlichten Farce mit dem Titel *Godpapa*, die einige Monate am Court Theatre (1891–2) gelaufen war, sondern konnte auch aufzeigen, daß Grundzüge der Fabel von Wildes Stück bereits in *The Foundling* (1894) von W. Lestocq und E. M. Robson enthalten sei. Daß ein eifriger Theaterbesucher wie Wilde sich das eine oder andere von seinen Kollegen abgeguckt hat bzw. sich von ihnen inspirieren ließ, dürfte indes niemanden überraschen und tut der Einzigartigkeit seines *Earnest* keinen Abbruch.

So spannend die literarische Spurensuche auch sein mag, interessanter ist die Frage, was denn die Besonderheit des Stückes ausmacht. Weder Handlung noch Figuren geben ihm seinen eigentümlichen Reiz, vielmehr ist es die absurde Logik, mit der die Lebenswelt der höheren Schichten im viktorianischen England ästhetisch so verfremdet wird, daß auf der einen Ebene ganz und gar natürlich, folgerichtig und ernstzunehmend wirkt, was auf der anderen gleichzeitig als künstlich, widersinnig und oberflächlich wahrgenommen wird. Wo das Metronom des Stückes nicht mehr im Takt der Erfahrungswirklichkeit schlägt, entstehen fortgesetzte Dissonanzen, Brüche zwischen Vertrautem und Verfremdetem, die stets aufs neue komische Verwicklungen hervorbringen. Gibt es etwas Äußerlicheres, Zufälligeres, Unwesentlicheres als den Vornamen eines Menschen – in diesem Fall: Ernst –, den Cecily und Gwendolen gleichwohl zum unabdingbaren Kriterium für eine Entscheidung mit weitreichenden Konsequenzen erklären, nämlich die Wahl ihres Lebenspartners? Wo der Fetisch des Namens den Zauber der Liebe ersetzt, kann sich keine spontane Gefühlsbeziehung mehr einstellen, gibt es überhaupt »nur ein einziges erotisches Verhältnis: den fast schon unzüchtigen Flirt mit der Sprache«[7]. Es waltet ein starrer Mechanismus, der Spontaneität nicht zuläßt. So entspricht es der skurrilen Eigengesetzlichkeit der Handlung, wenn Cecily mit pedantischem Ordnungssinn ihre wechselvolle Beziehung zu dem imaginären Ernst – Verlobung, Entlobung, Versöhnung – penibel im vorhinein dokumentiert, weil nicht die Person, sondern der Name sie vorrangig fasziniert. Und was spricht schließlich gegen die ernsthafte Erwartung, daß irgendwann einmal der Träger eines »göttlichen Namens«[8], der etwas hat, »das unbedingtes Vertrauen einzuflößen scheint«[9], in ihr Leben treten wird, zumal ihr Vormund von einem solchen zu berichten weiß?

Die Logik des Absurden, die gelegentlich an Beckett erinnert, wird auf allen Ebenen des Stückes wirksam, sie bestimmt die Struktur der Handlung und viele szenische Details. Logische Brüche, groteske Verzerrungen lebensweltlicher Verhältnisse durch disproportionale Betonung ihrer formalen Aspekte, Reduktion moralischer Werte auf Stilfragen, Spiel mit Fiktionen, die ernst genommen und am Ende gar durch Fakten bestätigt werden, sprachliche Volten, die, rhetorischen Blitzschlägen gleich, Langeweile nie aufkommen lassen, all dies kennzeichnet Wildes artifizielle Spielwelt, in der gleichwohl Mentalität, Lebensstil, Standesbewußtsein und Wertnormen der *upper classes* allgegenwärtig sind.

Ein Kleinod komödiantischer Kunst ist Jacks Auftritt im II. Akt, als er mit Trauerflor am Hut und schwarzen Handschuhen, gerade aus London zurückgekehrt, den Tod seines jüngeren Bruders Ernst bekanntgibt. Während Miss

Prism die betrübliche Nachricht mit der Bemerkung quittiert, der Verschiedene, dem man einen unseriösen Lebenswandel nachsagte, möge aus dem Schicksalsschlag, der ihn so plötzlich getroffen hat, »seine Lehren ziehen«[10], gibt der Geistliche Dr. Chasuble zu bedenken, daß dessen letzter Wunsch, in Paris begraben zu werden, »nicht gerade von sittlichem Ernst im Angesicht des Todes zeuge«[11]. Mitfühlend bietet er dem gramgebeugten Jack an, in seiner für mancherlei Anlässe verwendbaren Predigt über das Manna in der Wüste des Toten zu gedenken. Die umwerfende Komik dieser Trauerszene resultiert vor allem daraus, daß die Inkongruenz von Sprachverhalten und Situation sowie Schein und Sein doppelt absurd wirkt. Während Jack tiefe Trauer über den verblichenen Ernst simuliert, der nie gelebt hat, dessen Existenz aber Miss Prisms moralinsauerer Kommentar, logisch betrachtet, voraussetzt, macht der Doppelgänger des nichtexistenten Bruders, nämlich Algernon, zur gleichen Zeit und am gleichen Ort Jacks Mündel Cecily quicklebendig den Hof. Die Inszenierung der fiktiven Wirklichkeit und die Wirklichkeit der fiktiven Inszenierung, Illusion und Wirklichkeit, Rolle und Identität, verschränken sich auf eine geradezu schwindelerregende Weise miteinander.

In dieser verkehrten Welt werden die Figuren nicht so sehr von den Gefühlen getrieben, die sie vorgeben, sondern sie bewegen sich mit gravitätischem Ernst, gleichsam gelenkt von einem unsichtbaren Puppenspieler, der hinter den Kulissen die Strippen zieht. Lady Bracknell nimmt nicht etwa aus Mitleid Anteil am Schicksal Jacks, der seine Eltern nie gekannt hat (wurde er doch als Baby in einer Reisetasche gefunden); was sie irritiert, ist vielmehr, daß der Bewerber um die Hand ihrer Tochter »die üblichen Gepflogenheiten des Familienlebens«[12] bereits so kurz nach seiner Geburt vermissen ließ. Die Werbung Jacks und Algernons um Gwendolen und Cecily genügt ebenfalls nur noch der Etikette eines für solche Situationen vorgesehenen Rituals, denn beide Damen haben sich schon längst entschlossen, ihren jeweiligen Galan zu erhören. Die Taufe, die beide in Erwägung ziehen, um der spleenigen ›Ernestomanie‹[13] der Damen Tribut zu zollen, hat für sie natürlich den Charakter eines Sakramentes verloren und ist nichts weiter als ein förmliches Zeremoniell, das ganz in die schräge Logik eines Stückes paßt, in dem der Zweck des reinen Spiels alle Mittel heiligt.

Gespielt wird in diesem verbalen Capriccio mit allem, was den Viktorianern aus den oberen Schichten der Gesellschaft heilig war: Herkunft und Stand, Ehe und Familie, moralische Werte, wie z. B. Achtbarkeit, Pflichtgefühl und Ernsthaftigkeit im Umgang mit den Sinnfragen des Lebens, die Einstellung zum Glauben etc. Aber war es ihnen damit wirklich ernst? Verbargen sich hinter der Fassade von prätentiösem Moralismus, hochfliegenden Idealen und steifen Konventionen nicht oft genug Heuchelei, »das charakteristischste Laster der Zeit«[14], kruder Materialismus, die Ungleichbehandlung der Geschlechter, Pharisäertum allenthalben? Wurden Etikette und all die sonstigen Äußerlichkeiten im gesellschaftlichen Leben nicht auch deshalb so ernst genommen, weil sich mit einer solchen Haltung wirkungsvoll kaschieren ließ, welche moralischen Defizite und Gerechtigkeitslücken sich dahinter auftaten? Nicht wenige der Premierenbesucher mögen mit jeder Lachsalve gemeinschaftlich goutiert haben, was jeder einzelne tunlichst für sich behielt, nämlich sein eigenes, ganz privates ›Bunburying‹, die eigenen kleinen oder auch größeren Lebenslügen. Der Autor selbst machte da keine Ausnahme, war doch seine Art von Selbstverwirklichung nur um den Preis eines höchst gefährdeten Doppellebens möglich.

In jüngster Zeit haben eine Reihe von Kritikern *The Importance of Being Earnest* mit Blick auf Wildes sexuelle Präferenz neu gelesen und sind der Frage nachgegangen, ob er das *non nominandum inter christianos*, in chiffrierter Form, versteht sich, nicht auch in dieses Stück eingeschmuggelt habe, als subversive Konterbande im Geschlechterkampf. Lassen sich neben doppelgängerischem Rollenspiel und bunburyistischer Alias-Existenz, die ohnehin mit homosexueller Identität aufs engste verknüpft waren, versteckte Motive und Anspielungen ausmachen, die in diese Richtung weisen?[15] Wer mit der Biographie des Autors vertraut ist, wird eine Fülle von Details entdecken, die, zusammengenommen, in der Tat einen für Eingeweihte leicht entschlüsselbaren homoerotischen Subtext bilden. Das beginnt schon mit dem Titelwortspiel »Earnest/Ernest«. Im Jahre 1892 hatte John Gambril Nicholson eine Sammlung von Gedichten unter dem Titel *Love in Earnest* publiziert, in der u. a. der Knaben- und Männerliebe gehuldigt wird. In einem der poetischen Ergüsse, »Of Boys' Names«, setzt ein gewisser Ernest »mein Herz in Flammen«.[16] Ernest als Codewort für die ›Liebe, die ihren Namen nicht zu nennen wagt‹? War Bunbury im Schwulenslang als Bezeichnung für ein Männerbordell gebräuchlich, oder verbirgt sich in der Silbenfolge gar ein analerotisches Wortspiel?[17] Das nämliche Interesse für silberne Zigarettenetuis, das Algernon bekundet, wird später auch das Gericht bezeugen, wenn es der Frage nachgeht, warum Wilde auffällig häufig Strichjungen Präsente dieser Art zu machen pflegte. Ist es purer Zufall, daß Jack als Ernst in The Albany abzusteigen pflegt, wo sich ein Appartementhaus für Junggesellen befand, in dem auch George Ives, ein junger Mann aus dem homosexuellen Zirkel Wildes, eine Zeitlang wohnte? Ives seinerseits war bekannt mit Jack Bloxam, dessen Name, weiblich verfremdet, gleichsam ein Namenstransvestit, als Lady Bloxham ebenfalls im Stück auftaucht. Bloxam hatte für die von ihm edierte kurzlebige Oxforder Studentenzeitschrift The Chameleon (1894) eine, später Wilde untergeschobene, Erzählung mit dem Titel »The Priest and the Acolyte« [»Der Priester und der Meßdiener«] publiziert, deren Tendenz so eindeutig war, daß das Journal bereits nach der ersten Nummer sein Erscheinen einstellen mußte. Es paßt ins rosarote Bild, daß gerade dort Wildes »Phrases and Philosophies for the Use of the Young« [»Sätze und Lehren zum Gebrauch für die Jugend«] zuerst gedruckt wurden. Ein letztes noch: Wer Wildes Gunst genossen hat und zu seiner *entourage* zählte, wird Algernons großzügige Einladung an Jack, mit ihm im noblen Savoy oder dem nicht minder noblen Willis's zu dinieren, gewiß anders verstanden haben als die ahnungslosen Zuschauer im St. James's Theatre.

Wie immer man die Plausibilität dieser Lesart bewerten mag, kein Zweifel kann, nach all dem, was bisher gesagt wurde, daran bestehen, daß *The Importance of Being Earnest* mehr ist als ein närrisches Possenspiel oder eine dandyistische Utopie, in der alles *sub specie ludi* gesehen wird. Die outrierte Form der Komik birgt das subversive Potential einer Spielwelt, in der Besitz und Einkommen unverblümt zu Prüfsteinen der Ehetauglichkeit von Heiratskandidaten und -kandidatinnen erhoben, die Fingierung von Alibifiguren als probate Strategie zur Absicherung der privaten Erlebniswelt gegen öffentlichen Konformitätsdruck propagiert werden. Gwendolens Sentenz: »In Angelegenheiten von schwerwiegender Bedeutung ist Stil das Wesentliche, nicht Aufrichtigkeit«[18] gilt selbst dort noch, wo Lady Bracknells ›Verhör‹ Jacks das Dekorum so rüde verletzt, moniert sie doch kopfschüttelnd, daß er auf der »unfashionable side«[19] des Belgrave Square residiere.

Wer im Glashaus sitzt, sollte nicht mit Steinen werfen, pflegt man zu sagen. Auf die Situation Wildes in seiner Zeit bezogen, bedeutete dies: wer die Mächtigen provozierte, Ungehorsam zur »ursprünglichen Tugend des Menschen«[20] erklärte, Normen brüskierte, ließ sich auf ein gewagtes Spiel mit unkalkulierbaren Risiken und unsicherem Ausgang ein. Die Repräsentanten der Respektabilität, die wenige Monate nach seinem größten Bühnenerfolg – parallel dazu lief übrigens *An Ideal Husband* im Haymarket Theatre – im Namen bürgerlicher Wohlanständigkeit die Messer wetzen, nach den Buchstaben des Gesetzes das Urteil über ihn sprechen sollten, weil er das natürliche Recht auf sexuelle Selbstbestimmung für sich in Anspruch genommen hatte, beriefen sich u. a. auf eben jene Werte, deren heuchlerischen Charakter er in diesem Stück so effektvoll bloßgestellt hatte.

Die Beifallsstürme waren noch nicht verklungen, da nahm das Unheil, außerhalb des St. James's, bereits seinen Lauf. Der Marquess of Queensberry, ehemaliger Preisboxer und Hindernisreiter, exzentrischer Sproß aus uraltem schottischem Hochadel und Vater von Lord Alfred, mit dem Wilde über Jahre hinweg eine ebenso leidenschaftliche wie konfliktreiche homosexuelle Beziehung verband, begehrte polternd, aber vergeblich, Einlaß in den vornehmen Musentempel, freilich nicht, um sich an einem der amüsantesten Lustspiele seiner Zeit zu erfreuen, sondern um dem vermeintlichen Verführer seines Sohnes ein Bündel Grünzeug zu überreichen oder gar an den Kopf zu werfen. Diesmal mißlang die Provokation, die nächste Herausforderung konnte Wilde nicht mehr angemessen parieren. Statt die an ihn adressierte und in seinem Klub in einem Umschlag hinterlegte Karte mit dem verhängnisvollen Satz, den Richard Ellmann wie folgt entziffert hat: »Für Oscar Wilde, den posierenden Somdomiten. [sic]« – der etwas illiterate Aristokrat meinte natürlich ›Sodomit‹ – in den nächsten Papierkorb zu befördern, ließ er sich auf eine Verleumdungsklage gegen Queensberry ein, riskierte einen Prozeß, bei dem er nichts zu gewinnen, aber alles zu verlieren hatte – und verlor. Mit der Zerstörung seiner bürgerlichen Existenz versiegte auch seine kreative Kraft. Am 30. November 1900 starb er, erst sechsundvierzig Jahre alt, in Paris. Sein Humor hatte ihn bis zuletzt nicht verlassen. Er sterbe, wie er gelebt habe, über seine Verhältnisse, witzelte er, und zu seinem Freund Robert Ross soll er vierzehn Tage vor dem Ende scherzhaft gesagt haben: »Ach, Robbie … wenn wir tot sind, in unseren Porphyrgräbern liegen und die Posaune des Jüngsten Gerichtes erschallt, dann werde ich mich umdrehen und dir zuflüstern: ›Robbie, Robbie, wir wollen so tun, als hätten wir es nicht gehört‹«[21]. Wie hatte doch der Kanonikus Dr. Chasuble den Tod Ernsts in Paris kommentiert?

»Paris! *Schüttelt den Kopf.* Ich fürchte, dies zeugt nicht gerade von sittlichem Ernst im Angesicht des Todes.«[22]

Norbert Kohl

Anmerkungen

1 Hesketh Pearson, *The Life of Oscar Wilde*, London 1960 [1946],
 p. 255.

2 *Oscar Wilde. The critical heritage*, ed. Karl Beckson, London
 1970, p. 189, p. 190, p. 338, p. 191.

3 *Saturday Review*, 23. Febr., 1895, pp. 249–250. Nachdr. in: *Oscar
 Wilde. The critical heritage*, op. cit., p. 195.

4 Op. cit., p. 372.

5 *Oscar Wilde. The critical heritage*, op. cit., p. 192.

6 Cf. dazu Norbert Kohl, *Oscar Wilde. Das literarische Werk zwischen Provokation und Anpassung*, Heidelberg 1980, pp. 413–
 417; *Oscar Wilde's »The Importance of Being Earnest«. A reconstructive critical edition of the text of the firt production*,
 ed. Joseph Donohue and Ruth Berggren, Gerrards Cross
 1995.

7 Georg Hensel, »Oscar Wilde, muß das sein? B. K. Tragelehn inszenierte *Bunbury* in Düsseldorf«, *Frankfurter Allgemeine Zeitung*, Feuilleton v. 22. 4. 1983.

8 *The Importance of Being Earnest. A trivial comedy for serious
 people*, ed. Russell Jackson, New York 1980, p. 24.

9 Ib., p. 64.

10 Ib., p. 51.

11 Ib., p. 52.

12 Ib., p. 31.

13 Manfred Pfister, »Nachwort«, in: Oscar Wilde, *The Importance
 of Being Earnest. A trivial comedy for serious people*, ed. Manfred Pfister, Stuttgart 1990, p. 116.

14 Osbert Burdett, *The Beardsley Period. An essay in perspective*,
 London 1925, p. 40.

15 Cf. dazu Christopher Craft, »Alias Bunbury. Desire and termination in *The Importance of Being Earnest*«, *Representations* 31, 1990, pp. 19–46, und Eve Kosofsky Sedgwick, »Tales of the Avunculate. Queer tutelage in *The Importance of Being Earnest*«, in: *Professions of Desire. Lesbian & gay studies in literature*, ed. George E. Haggerty and Bonnie Zimmerman, New York 1995, pp. 191–209.

16 Zit. in: Timothy d'Arch Smith, *Love in Earnest*, London 1970, p. XVIII.

17 Cf. zu den verschiedenen Deutungen des Namens Bunbury vor allem Craft, op. cit., p. 28.

18 *The Importance of Being Earnest*, ed. cit., p. 83.

19 Ib., p. 29.

20 »The Soul of Man under Socialism«, in: *Complete Works of Oscar Wilde*. With an introduction by Vyvan Holland, London/Glasgow 1966 [1948], p. 1081.

21 Richard Ellmann, *Oscar Wilde* (1987). Aus dem Amerikanischen von Hans Wolf, München/Zürich 1991, p. 776.

22 *The Importance of Being Earnest*, ed. cit., p. 52.

STIMMEN ZUM WERK

›Der erste Akt ist genial, der zweite schön, der dritte ungeheuer geistreich.‹

Aus: *Black and White*, 16. Febr., 1895, p. 210.

H. G. WELLS

Es ist, so erfuhren wir gestern abend, »viel schwieriger, sich Unsinn anzuhören, als Unsinn zu reden«, aber nicht, wenn es sich um guten Unsinn handelt. Und das neue Stück von Mr. Oscar Wilde ist sehr guter Unsinn, köstlicher Klamauk. Es ist in der Tat das neueste, was wir heuer hier an Komödien hatten. Die meisten der anderen waren, um mit Mr. John Worthing, J. P., von gestern abend zu reden, einfach die alten Komödien, die sich als ihre jüngeren Brüder ausgaben. Einen witzigeren Umgang mit den Konventionen des Theaters kann man sich schwer vorstellen. Besonders für den Theaterkritiker, der ein trübseliges Leben führt, war es ein seltener Festtag. Wie es die ernsten Leute, die diese Stadt bevölkern und an die es gerichtet ist, verkraften werden, steht auf einem anderen Blatt. Gestern abend jedenfalls war es ein Erfolg, und unser gewohntes Premierenpublikum – dessen Husten übrigens viel leiser geworden ist – nahm es mit Begeisterung auf …

Aus: *Pall Mall Gazette,* 15. Febr., 1895, p. 4. Zit. nach: *Oscar Wilde. The critical heritage*, ed. Karl Beckson, London: Routledge & Kegan Paul 1970, p. 187.

Ich kann nicht behaupten, daß *The Importance of Being Earnest* großes Interesse in mir erweckt hätte. Natürlich amüsierte ich mich; aber wenn mich eine Komödie nicht ebenso anrührt wie amüsiert, habe ich hinterher das Gefühl, meinen Abend vertan zu haben. Ich gehe ins Theater, um zum Lachen gebracht zu werden, nicht um mir das Lachen herauskitzeln oder abpressen zu lassen; und obwohl ich über eine possenhafte Komödie genauso lachen kann wie jeder andere, ist genau das der Grund, weshalb ich vor dem Ende des zweiten Akts die gute Laune und vor Ende des dritten die Beherrschung verliere, wobei mein jämmerliches mechanisches Lachen diese Symptome bei jedem Ausbruch noch verstärkt. Wenn das Publikum jemals intelligent genug werden sollte, um zu wissen, wann es sich wirklich gut unterhält und wann nicht, wird es mit der Possenkomödie aus sein. Nun gibt es in *The Importance of Being Earnest* viele solcher Zwerchfellmassagen: die Lügen zum Beispiel, die Täuschungen, das An-einander-Vorbeireden, die geheuchelte Trauer, die Taufe der zwei erwachsenen Männer, das Verzehren der *muffins* etcetera. Dies alles hätte man nur dann aus der Ebene der Posse herausheben können, wenn es Figuren eingefallen wäre, die uns, wie Don Quichote, von der Realität des Ganzen zu überzeugen vermocht hätten, und dann wäre ihnen unsere Sympathie sicher gewesen. Aber dieses unglückselige Beispiel von Gilbertismus erschüttert unseren Glauben an die Menschlichkeit des Stücks. Somit sind wir auf die Stärke und Geziertheit seines Witzes angewiesen, die durch eine ausgesprochen ernste, natürliche und unbewußte Umset-

zung seitens der Schauspieler herübergebracht wurde ...
Alles in allem ist *The Importance of Being Earnest* in meinen Augen mindestens zehn Jahre alt und keinen Tag jünger; und ich sehe mich außerstande, irgend etwas Herausragendes in seiner Inszenierung zu entdecken.

Aus: *Saturday Review*, 23. Febr., 1895, pp. 249–50. Zit. nach: *Oscar Wilde. The critical heritage*, op. cit., p. 195.

MAX BEERBOHM

In einem Stück wie diesem kommt es besonders darauf an, daß es gut gespielt wird. Darin besteht auch die besondere Schwierigkeit. Das Stück ist einzig in seiner Art, und die meisten Schauspieler, die ja auf Gewohntes getrimmt sind, scheuen sich aus diesem Grund, es in Angriff zu nehmen.

Bevor wir zu definieren versuchen, wie es gespielt werden sollte, wollen wir seine Wesensart bestimmen. Von seiner Anlage her ist es natürlich eine abgedroschene Posse – die Geschichte eines jungen Mannes, der nach London kommt, »um etwas zu erleben«, und von einem anderen jungen Mann, der, umgekehrt, aufs Land geht, und von den Komplikationen, die sich daraus ergeben. Auch in der Bearbeitung ist es possenhaft, insofern als ein Teil des Spaßes von absurden »Situationen«, »Bühnenklamauk« und so weiter abhängt. Somit könnte man annehmen, daß man es am besten herunterrasseln sollte. Das freilich wäre ein grober Irrtum. Denn trotz der Handlung hängt der Spaß hauptsächlich davon ab, was die Charaktere sagen, und nicht so sehr davon, was sie tun. Sie reden herrlichen Unsinn daher – die Sprache der großen Komödie, ins Skurrile gewendet. Die Dialoge sind durchwegs der mit poetischem Ernst in Szene gesetzte Unfug, den ein herausragender Intellekt und eine herausragende Phantasie mit Worten und Ideen treibt. Was diese Posse von allen anderen unterscheidet und sie witziger als alle anderen macht, ist der humorvolle Kontrast, der zwischen ihrem Stil und ihrem Gegenstand besteht. Damit ihr Stil voll gewahrt bleibe, müssen die Dialoge mit salbungsvollem Ernst gesprochen werden. Der Klang und der Sinn der Worte müssen ernst genommen, schön zur Geltung gebracht werden. Wenn Schauspieler das Stück nur so herunterrasseln, geht viel von seinem Stil verloren und daher viel von seinem Spaß. Sie ziehen es auf die Ebene der gewöhnlichen Posse herunter. Genau das haben die Schauspieler im St. James' bei der Premiere getan. Das Stück war ein triumphaler Erfolg, nicht wegen, sondern trotz ihres Zutuns.

Aus: Max Beerbohm, *Around Theatres*, vol. I, London: Heinemann 1924, pp. 333–335.

ALFRED KERR

Kommt Oscar Wilde. Was ist der Kern von Oscar Wilde?

Oscar Wilde ist ein Stilkünstler. Sehr zweifelhaft, ob er mehr ist ... Bis zu seiner Hinrichtung reicht das englische Mittelalter. Er kam ins Zuchthaus, mußte zwei Jahre Dienst in einer Tretmühle tun, wegen geschlechtlicher Besonderheiten: im vorigen Jahrzehnt. Seine langsame Hinrichtung bleibt der letzte greifbare Akt des Mittelalters.

In »Bunbury« tritt Frankreich und England unterschiedlich hervor. Die Form: französisch gearbeitete Verwirrungsposse. Die innere Form aber dieses Humors ist

Britentum. Ernste, gründliche, ruhige Wendungen mit verborgenem Ulk und Blödsinn. Positive Kaltblütigkeit, die rechteckige Ordnung steifer Clowns, wird verzerrt und verhöhnt: aber sie selber spricht unbewußt aus diesem grotesken Humor, kalt gegen alle, nicht mitfühlend ... wie wenn ein exotischer Zeichner Gestalten und Beziehungen herzlos-ruhig zeichnet unter verrückenden Gesichtspunkten. Er ist hier ein Vetter von Frank Wedekind, sonst lyrischer und snobistischer. Ein Menschenschicksal etwa hängt in so einem Stück davon ab, daß jemand durchaus den Namen Ernst tragen müsse; hierin liegt was Melancholisches, als ob ein Lebenskenner riefe: »Kinder, es ist ja alles so gleichgiltig! Kinder, es ist ja alles im Leben solcher Quatsch!«

Meine Zuhörer, seine Männer sind Windhunde, mit sprunghaften Empfindungen ohne Tiefe; seine Mädchen sind Automaten, Gänse; im Grund erscheinen alle wie unbelebte Kreaturen, kalt groteske Puppen. Und auch die Kunst, nach dem Gefühl Oscar Wildes, kann der Teufel holen, da sie mit ihren wiederkehrenden Erfindungen (Symbole dafür sind: aufgefundene Söhne, Brüder, ausgesetzte Babies, schuldige Erzieherinnen) uns schrecklich langweilt und zum Hohn reizt ... Es ist romantische Ironie, wenn der Held eine Reisetasche vorzeigt, darin er vor x Jahren auf dem Bahnhof ausgesetzt worden. Hier gehen wieder Fäden zu Wedekind, spätem Sohne der romantischen Ironie, bei dem Unmögliches auf gleiche Art in ulkiger Ruhe gegeben wird ...

Aus: Alfred Kerr, [Besprechung der Erstaufführung von *Bunbury*, 1902], *Der Tag*, 19. 11. 1902. Nachdr. in: Alfred Kerr, *Das neue Drama*, Berlin: S. Fischer ³1909, pp. 280–281.

CARL HAGEMANN

Die Schwierigkeit bei der *Bühnen-Darstellung von Wildes*
Komödien beruht vor allem darin: Sie spielen in unseren
Tagen in einer uns höchst vertrauten Umwelt – es spielen
moderne Menschen vor modernen Menschen Gesell-
schaftsszenen. Und doch handelt es sich nicht um naturali-
stische Konversationsstücke, sondern um *strenge Stil-
stücke*. Das strengste ist »*Bunbury*«, das also nur mit Hülfe
einer deutlich angelegten und konsequent durchgehalte-
nen bühnenmäßigen Stilkunst zu einer ästhetischen Wirkung gebracht werden kann. Die Personen sind Menschen
und doch keine Menschen – ihre Reden sind wahr und
nicht wahr – die Situationen sind möglich und doch nicht
möglich, die innere Wahrhaftigkeit der Dichtung (es ist
eine *Dichtung* und nicht nur ein gut gemachtes Unterhal-
tungsstück, und eine glänzende Lustspielidee bis zu ihrem
Ende, das heißt bis zu ihren letzten Möglichkeiten durch-
geführt, ausgereizt wurde) [*sic!*] – ihre innere Wahrhaftigkeit kommt nur heraus, wenn man der Darstellung die
richtige Atmosphäre giebt – wenn man sie *ästhetisch-dra-
maturgisch* und *kulturell-völkerpsychologisch* zweckvoll
und richtig ansiedelt. [...] Wilde hält sich dabei an das *englische* Gesellschaftsleben, das ihm besonders günstige An-
griffspunkte und unausschöpfbare spielerische Möglichkeiten bietet. [...]

Der Engländer ist im Benehmen steif und korrekt, in
seinem Reden und Tun klar und zielbewußt, in seinen
Lebensansprüchen nüchtern und praktisch. Die *künstleri-
sche Ausdrucksform* dieser Grundeigenschaften für den
architektonischen Aufbau des auf der Bühne ablaufenden

Spiels ist die *Form der Symmetrie* [...]. Da diese Grundeigentümlichkeit eines Volksbegriffs im »Bunbury« mehr wie in allen anderen Komödien Wildes auch in der szenischen Anlage spürbar ist, so kann es keinem Zweifel unterliegen, *daß man die Bühnendarstellung [sic!] »Bunbury« nach Maßgabe symmetrischer Ausdrucksweise zu stilisieren hat.* Die einzelnen Schauspieler und die Gruppen sind in ihren künstlerischen Ausdrucksmitteln durch diese ästhetische Erkenntnis gebunden und können diese Bindung nicht selbständig lockern, ohne den Gesamteindruck zu gefährden.

Aus: Carl Hagemann, *Bunbury, Regiebuch 1907.* Vorbemerkung. Text zit. nach: Rainer Kohlmayer, *Oscar Wilde in Deutschland und Österreich. Untersuchungen zur Rezeption der Komödien und zur Theorie der Bühnenübersetzung,* Tübingen: Max Niemeyer 1996, pp. 265–266.

ERIC BENTLEY

The Importance of Being Earnest (1895) ist nicht eine Variante des bürgerlichen Dramas wie *Candida* oder eines Melodramas wie *Captain Brassbound's Conversion,* sondern der Farce, eines Genres, das als Antithese des Ernsthaften nicht leicht für ernsthafte Zwecke eingesetzt werden kann. In der Tat ist nichts einfacher, als sich mit diesem Stück zu befassen, ohne auf seinen Inhalt einzugehen. Es ist so durchgängig farcenhaft im Ton, in der Charakterzeichnung und in der Handlung, daß nur wenige nach ernsthafterem Inhalt suchen werden ... Wie sein Titel offenbart, handelt es von *Ernsthaftigkeit,* d.h. von viktorianischer

Feierlichkeit, jener Form falscher Seriosität, die Dünkel, Heuchelei und Mangel an Ironie bedeutet. Wilde verkündet, daß Ernsthaftigkeit weniger lobenswert ist als die ironische Lebenshaltung, die als oberflächlich gilt ... Wildes Satire ist nicht in Handlung und Charakter eingebettet, wie dies bei der klassischen Komödie der Fall ist. Sie begleitet das Stück ununterbrochen; dies ist keineswegs als Zeichen von Unreife zu sehen, sondern führt vielmehr zu einer neuen Form der Komödie. Die Handlung besteht aus einer jener Gilbertschen Absurditäten mit verlorenen Kindern und wiedergefundenen Brüdern, über die man nur lachen kann, wenn man an sie denkt. Doch der Dialog ... ist ein ununterbrochener Kommentar zu allen Themen des Lebens, die in der Handlung überhaupt nicht aufgegriffen werden ... Der Wildesche Kommentar ist ein pseudo-verantwortungsloses Geplapper über schwerwiegende Probleme, und man wäre berechtigt, das Präfix »pseudo« wegzulassen, hätte die Wildesche Satire trotz ihrer Boshaftigkeit nicht eine sich steigernde und paradoxe Wirkung. Schnippisches Geplänkel wiederholt sich, entwickelt sich und wird gewissermaßen zu einem System ausgearbeitet, das schließlich auf etwas hinausläuft – und dabei aufhört, schnippisch zu sein. Was als Ulk beginnt, endet als Kritik am Leben. Was als intellektueller Übermut beginnt, endet als intellektuelles Scharfschießen.

Aus: Eric Bentley, *The Playwright as Thinker*, New York: Reznal & Hitchcock 1967 [1946], pp. 140 und 141.

Es ist nicht einfach, dem Stil, der Leichtigkeit, der scheinbaren Ungezwungenheit, die das Stück erfordert, auf der Bühne gerecht zu werden. Die Schwierigkeit besteht vor allen Dingen darin, es mit tödlichem Ernst zu spielen, und sich dabei dennoch stets des Spaßes bewußt zu sein, des Spaßes, mit ernster Miene einen wohldurchdachten Schabernack zu treiben.

Die Komödie muß ursprünglich als lustig empfunden worden sein, weil sie die zeitgenössische Gesellschaft so brillant aufs Korn nahm. Die Leute, die darüber lachten, viele von ihnen jedenfalls, lachten über sich selbst, die sich mit leichten Übertreibungen auf der Bühne wiederfanden. Heute lachen wir über die bloße Vorstellung, daß es solche Typen je geben konnte; über das ganze System – das Hinterlassen von Visitenkarten, die Anstandsdamen, die offiziellen Heiratsanträge, die Zeremonie der Mahlzeiten, die lächerliche Überbewertung von Geburt, gesellschaftlichem Rang und Mode.

Aber es besteht die Gefahr, daß die Schauspieler von heute, in Ermangelung leibhaftiger Vorbilder, die Komödie in eine wüste Karikatur verwandeln, und daß das Publikum, ohne vielleicht zu wissen warum, das Stück für gekünstelt, albern und überzogen hält. Die Darstellung sollte korrekt, aber nicht trocken, gemächlich, doch nicht schleppend, ernst, doch geistsprühend sein. Vor allem ist es ein angenehmes Stück. Das schrille, prasselnde Stakkato eines Noël Coward, die smarte Unverschämtheit eines Frederick Lonsdale, das war nicht das, was Wilde unter Witz verstand. In seinen Stücken ist niemand nervös, ungeduldig, boshaft oder bösartig. Über die »unteren Schichten« wird herablassend, aber nicht verächtlich gesprochen. Selbst die strengen Vorhaltungen, die Lady Bracknell Prism in der letzten Szene macht, sind zwar sehr bestimmt, aber nicht herzlos. Die Mädchen tragen ihren eleganten Streit höchst gesittet aus. Niemand braucht jemals die Beherrschung oder die Haltung verlieren. Die Bewegung muß durchgängig ruhig, stilvoll sein (darf aber nicht geziert sein, wie es oft geschieht, wenn Schauspieler und Regisseure versuchen, die Atmosphäre einer Epoche zu treffen), und je distinguierter die Schauspieler sich geben, desto mehr wird sich der dem Stück innewohnende Witz entfalten …

Aus: John Gielgud, *Stage Directions*, London: Heinemann 1963, pp. 83-84.

BENJAMIN HENRICHS

»Bunbury« ist ein Stück über das Reden, über das Verschwinden des Lebens im Reden, über die Verwandlung von (unreinem) Gefühl in reine Konversation. Zadek inszeniert dies Rede-Stück, ohne wirklich die Dialoge zu inszenieren – und so inszeniert er es nahezu gar nicht. Alles in dieser Aufführung ist halb, halbgenau, halbkomisch, halbtraurig. Ausgerechnet Zadek, der Regie-Extremist (und damit sind wir wieder beim Thema) hat clever und ohne erkennbaren Ehrgeiz an einer wahrhaft extremen Komödie vorbeiinszeniert; ausgerechnet Zadek das frechste aller Boulevardstücke auf die zahmste aller Arten vorgeführt. Das kann nicht nur ein Mißgeschick sein.

Die Menschen in »Bunbury« sind von den Nöten durch-schnittlicher Menschen erlöst: Sie leben ohne Trauer, ohne Leidenschaften, ohne Sexualität. Wenn sie etwas betrübt, dann höchstens eine nicht ganz so gelungene Formulie-rung. Wenn sie etwas erregt, dann höchstens der Gedanke an ein Butterbrot mit Gurkenscheibchen. Wenn sie sich verlieben (oder was sie so »verlieben« nennen), dann be-stimmt nicht heftigerer Wünsche wegen, sondern weil sich Liebesaffären besonders gut im Tagebuch bereden lassen.

Ihre einzige Arbeit, ihre einzige Wollust ist das Reden. Und sie reden nicht, um die Wahrheit herauszufinden, um Probleme zu erörtern (wie das in den verlogen-anspruchsvollen neuzeitlichen Stücken des Genres ge-schieht), sondern um jede Wahrheit zu vernichten, jedes Problem lächerlich zu machen. Ihr ganzes Leben ist Spiel, Gesellschaftsspiel: »Es ist sehr anstrengend«, sagt Algernon, »gar nichts zu tun. Aber ich habe auch nichts gegen Anstrengungen, solange sie sinnlos sind ...«

Ein radikaler Regisseur könnte Wildes Utopie glauben. Zu sehen wäre dann auf dem Theater noch nie Gesehenes: glückliche Menschen. Tatsächlich Glück – nicht bloß die süßsaure Fröhlichkeit zeitgenössischer Boulevardfiguren.

Die andere, wahrscheinlichere Version: Die glücklichen Menschen sind zutiefst ängstliche Menschen; ihr Rede-zwang ist Ausdruck ihrer Panik, der Salon und die Salon-komödie ein künstliches Paradies, in das sie vor den wirkli-chen Schrecken geflohen sind.

»Bunbury« ist Oscar Wildes letzte Arbeit vor dem Sturz; bevor er vom Liebling der Gesellschaft zu ihrem Haßob-jekt wurde, aus dem Salon verbannt, ins Gefängnis einge-sperrt. Als ein Märchen, das gelingt, könnte man »Bun-

bury« inszenieren oder als einen großen faulen Zauber –
nur nicht als jenes mittlere Vergnügen, an dem Zadek seinen Gefallen fand.

Aus: Benjamin Henrichs, ›Großer Mann, was nun? Ein Not-
schrei nach Peter Zadeks Berliner *Bunbury*-Inszenierung«, *DIE
ZEIT*, Nr. 20 v. 9. Mai 1980, p. 34.

GEORG HENSEL

Weil Oscar Wilde auf jeglichen Ernst verzichtet hatte, be-
hauptete er im Titel, ernst müsse man sein. Aber da meinte
er schon Ernst, den Namen. Wie wichtig es für ihn war, nur
auf der Bühne nicht ernst zu sein, erfuhr er am eigenen
Leib im Jahr 1895: am 14. Februar war die Uraufführung
der Komödie »Bunbury« unter dem Titel »Ernst muß man
sein«, in der er im St. James'-Theatre unter dem Jubel des
Publikums seine Späße mit der viktorianischen Moral
trieb, und am 5. April wurde er verhaftet, weil er die vikto-
rianische Moral, vor allem aber die Klassenschranken, in
seinem Leben nicht ernst genommen hatte.

Auf Oscar Wildes Bühne ist man von Stand und finan-
ziell unabhängig, das verschafft die angenehme Langeweile, der man auf angenehme Weise entflieht. Algernon
flieht aufs Land, zu seinem kränklichen Freund Bunbury.
Jack flieht in die Stadt und nennt sich dort, wo er sich un-
ernst amüsiert, Ernst. Bunbury und Ernst gibt es so wenig
wie Godot oder die kahle Sängerin. Sie sind nur Vor-
wände, schließlich aber werden sie in Person verlangt. Das
sind Probleme, die man genießen kann. Sollten richtige
Probleme auftauchen, so werden sie in den Rang von

Scheinproblemen erhoben, damit auch sie genießbar sind. Und wenn es gar nicht mehr weitergeht, dann stellt sich heraus, daß einer, der bewußt und absichtsvoll die Unwahrheit sagt, immer nur, ohne es zu wissen, die Wahrheit sagt: seine Lügen werden Lügen gestraft. Und wenn auf diese Weise am Ende die Wahrheit siegt, so nicht aus moralischen Gründen: Wilde will nicht überzeugen, nur verblüffen …

Gemeinsam haben Oscar Wilde und Tragelehn das rationale Fundament, die Abneigung gegen jegliche Sentimentalität und das Vergnügen am Zeremoniell des Witzes. So läßt Tragelehn den Kuß, der eigentlich fällig wäre, zwischen den Lippen in der Luft hängen, weil beide Münder das dringende Bedürfnis haben, noch rasch auf ein anderes Thema einzugehen. Mit dieser und entsprechenden Szenen trifft er die Menschen Oscar Wildes in das Herz, das sie nicht besitzen. Sie haben keine Leidenschaften, sie dozieren nur darüber. Sie lieben einander nicht, sie lieben ihre Einfälle. Sie haben keine Gefühle, sie haben nur Wörter: ein Name ist wichtiger als der Mensch, der ihn trägt. So ist »Ernst« zu heißen, schon Grund genug für eine Verlobung: sie ist ein verbales, kein erotisches Ereignis. Mit jedem Satz, mit jedem Arrangement beweisen Oscar Wilde und Tragelehn, daß es in »Bunbury« überhaupt nur ein einziges erotisches Verhältnis gibt: den fast schon unzüchtigen Flirt mit der Sprache …

Nun könnte man Tragelehn pure Inhaltslosigkeit, formalistische Selbstgefälligkeit und die Nichterfüllung des gesellschaftlichen Auftrags der Theaterkunst vorwerfen, doch wären dies dieselben Vorwürfe, die ihm nach seiner Inszenierung von Strindbergs »Fräulein Julie« am Schiffbauerdamm in Ost-Berlin vom SED-Zentralorgan »Neues Deutschland« gemacht worden sind. Natürlich hat es Wildes Welt nie gegeben: es gibt sie nur in seinen Konversationskomödien. In »Burbury«, seinem kältesten und virtuosesten Stück, tilgte er die letzten Reste von sozialem Interesse: mit lässigen Fingern schnippste er die Ibsen-Spuren wie Zigarettenasche vom Gesellschaftsanzug, und falls er überhaupt noch ein literarisches Vorbild brauchte, so war es jetzt der Possenschreiber Victorien Sardou allein. Er amüsierte sich weniger über andere als über sich selbst: in »Bunbury« wollte Wilde nur noch frech sein wie Oscar.

Muß Oscar sein? Vor drei Jahren verdarb Peter Zadek, der einen sympathischen Hang zum Boulevard hat, dennoch Wildes »Bunbury« in der Berliner Freien Volksbühne, als er Ulrich Wildgruber, dem Algernon, gestattete, nach jedem Satz mit blitzenden Augen und ruckartigen Kopfdrehungen zu kontrollieren, ob auch jeder erkannt habe, wie geistreich er gerade wieder gewesen ist. Wenn Wilde jedoch so selbstverständlich absurd sein kann wie bei Tragelehn, dann muß Oscar sein, nicht immer, aber manchmal – wie er auch heißen mag, Shaffer, Hampton, Stoppard oder nach wie vor Wilde. Die Welt im Kopfstand zu betrachten, ist nicht logisch, aber angenehm. Und manchmal wird nur der Kopfstand den Absurditäten der Welt gerecht. Indem Oscar Wilde durch »Bunbury« beweist, wie wichtig es ist, Ernst zu sein, beweist er, wie wichtig es ist, nicht ernst zu sein.

Aus: Georg Hensel, »Oscar Wilde, muß das sein? B. K. Tragelehn inszenierte Bunbury in Düsseldorf«, *Frankfurter Allgemeine Zeitung*, Feuilleton, 22. 4. 1983.

Kein Wunder, daß ein sozialkritisch engagierter Realist
wie Shaw, dem das Theater vor allem eine moralische An-
stalt und ein didaktisches Medium war, mit *The Importance* wenig anzufangen wußte …

Shaw, wie zahlreiche spätere Kritiker Wildes, übersah,
daß die ästhetizistische Wendung gegen Realismus und
Engagement in der Kunst in paradoxer Weise selbst kri-
tisch auf die gesellschaftliche Wirklichkeit bezogen ist. Die
Kunst um ihrer selbst willen ist Kritik an einer Gesellschaft, in der alles dem Nützlichkeitsdenken unterworfen
ist, alles instrumentalisiert und funktionalisiert ist; ihr Kult
der Schönheit ist Protest gegen die wachsende Flut des
Häßlichen, das das industriekapitalistische System immer
hektischer produziert; ihre Ästheten und Dandies wider-
setzen sich den gesellschaftlichen Anpassungszwängen
und kämpfen mit ihren Paradoxen gegen die Manipulation
des Bewußtseins und der Emotionen; ihr Verzicht auf
Lehre ist selbst eine Lehre, eine ideologiekritische. Daher
ist es auch kein Widerspruch, daß *The Importance* gleichzeitig Wildes ästhetizistischstes und sein kritischstes Stück
ist, daß hier der viktorianischen Wirklichkeit und ihren
ästhetischen Widerspiegelungen einschneidender der Prozeß gemacht wird als in den mit anklägerischem Pathos
vorgetragenen, aber immer wieder in die Anpassung zu-
rückfallenden »society plays« …

The Importance of Being Earnest ist das einzige Stück
Wildes, das nicht nur zu seiner Zeit ein großer Erfolg war,
sondern immer noch einer ist. Während seine anderen
Stücke und auch die seiner englischen Zeitgenossen zu

plüschigen »period pieces« herabgesunken sind, auf die sich das moderne Theater noch gelegentlich in nostalgischen, denkmalpflegerischen oder ironisch distanzierten Inszenierungen besinnt, ist *The Importance* immer noch quicklebendig. Selbst die Kanonisierung zum vielgelesenen Schulklassiker hat es überstanden, und weder unkongeniale Übersetzungen noch routinierte Profi- oder vergröbernde Amateuraufführungen haben ihm seinen Witz ganz austreiben können. Seine fortdauernde Lebendigkeit beweisen die zahllosen Ausgaben und Inszenierungen in allen Weltsprachen; mehr noch aber belegt eine zunehmend intensive Auseinandersetzung mit ihm gerade in den letzten Dekaden sein fortdauerndes Anregungspotential. Dabei wird immer deutlicher, daß Wilde hier eine wichtige Tendenz des modernen Dramas vorbereitet oder vorweggenommen hat: die Wiederentdeckung der Farce als Medium ästhetischer Selbstreflexion und der Reflexion auf die Conditio humana. Das absurde Theater Ionescos oder Becketts ist sozusagen in Hörweite von *The Importance*: Hier wie dort dient die outrierte Komik der Farce dazu, die Hohlformen eines konventionellen Theaterrealismus parodistisch zu zerstören und die Paradoxien von Rationalität und Irrationalität, von Freiheit und Fremdbestimmung auszuloten. Nicht zufällig ist »absurd« – freilich noch nicht in der existentialistischen Zuspitzung des Wortsinns bei Camus oder Beckett – ein Schlüsselwort schon in Wildes Stück, und in gewisser Weise präfigurieren Algernon und Jack bereits die großen Zeitvertreiber Vladimir und Estragon.

Aus: Oscar Wilde, *The Importance of Being Earnest. A Trivial Comedy for Serious People*, ed. Manfred Pfister, Stuttgart: Philipp Reclam jun. 1990, p. 137 und pp. 138-139.

ABBILDUNGEN

1 St. James's Theatre, King Street, London 1896.

ST. JAMES'S THEATRE.

SOLE LESSEE AND PROPRIETOR · · MR. GEORGE ALEXANDER.

PRODUCED THURSDAY, FEBRUARY 14th. 1895.

Every Evening at 9 (Last Nights)

The Importance of being Earnest,

A TRIVIAL COMEDY FOR SERIOUS PEOPLE.

John Worthing, J.P. { of the Manor House, Woolton, Hertfordshire }		Mr. GEORGE ALEXANDER
Algernon Moncrieffe	(his Friend)	Mr. ALLAN AYNESWORTH
Rev. Canon Chasuble, D.D.	(Rector of Woolton)	Mr. H. H. VINCENT
Merriman	(Butler to Mr. Worthing)	Mr. FRANK DYALL
Lane	(Mr. Moncrieffe's Man-servant)	Mr. F. KINSEY PEILE
Lady Bracknell		Mrs. EDWARD SAKER
Hon. Gwendolen Fairfax	(her Daughter)	Miss IRENE VANBRUGH
Cecily Cardew	(John Worthing's Ward)	Miss EVELYN MILLARD
Miss Prism	(her Governess)	Mrs GEORGE CANNINGE

Time - - The Present.

Act I.	-	Algernon Moncrieffe's Rooms in Piccadilly (*H. P. Hall*)
Act II.	-	The Garden at the Manor House, Woolton (*H. P. Hall*)
Act III.	-	Morning-Room at the Manor House, Woolton (*Walter Hann*)

Preceded, at 8.30, by a Play in One Act, by LANGDON E. MITCHELL, entitled

IN THE SEASON.

Sir Harry Collingwood	Mr. HERBERT WARING
Edward Fairburne	Mr. ARTHUR ROYSTON
Sybil March	Miss ELLIOTT PAGE

Scene - A Room in Sir Harry Collingwood's House. Time - The Present.

---

2 *Programm der letzten Aufführungen von* The Importance of
Being Earnest. *Seit der Inhaftierung Wildes war sein Name von
den Ankündigungen des Stückes gestrichen worden.*

3 George Alexander (John Worthing) und Rose Leclercq (Lady Bracknell) in der Erstaufführung von The Importance of Being Earnest *am 14. Februar 1895 am St. James's Theatre, London.*

4 Leslie Faber (Jack) und John Deverell (Alger-non) in einer Aufführung von The Importance of Being Earnest *am Haymarket Theatre, London, 1923.*

5 *John Gielgud (Jack) und Mabel Terry-Lewis
(Lady Bracknell) in Nigel Playfairs experimenteller
Inszenierung des Stückes am Lyric Theatre, Ham-
mersmith, 1930. Bühnenbild und Kostüme waren in
den Farben Schwarz, Weiß und Grau gehalten.*

6 Szene aus Peter Zadeks Bunbury-*Inszenierung an der Freien Volksbühne in Berlin, 26. April 1980.*

7 *Marita Marshall (Cecily) und Christine Scherer (Gwendolen) in B. K. Tragelehns* Bunbury-*Inszenierung am Düsseldorfer Schauspielhaus. Premiere: 20. April 1983.*

8 Szene aus der Bunbury-*Inszenierung von Hans Hollmann an den Frankfurter Kammerspielen. Premiere: 29. November 1995. Szenenfoto: Lore Bermbach*

ZEITTAFEL

1854 *16. Oktober*: Oscar Fingal O'Flahertie Wills Wilde wird als zweiter Sohn des Augen- und Ohrenarztes William Wilde (1815-1876) und Jane Francesca Elgee (c. 1824-1896) in Dublin geboren.

1864-1871 Oscar Wilde besucht die Portora Royal School, Enniskillen.

1871-1874 Wilde besucht das Trinity College, Dublin.

1874 Gewinnt die *Berkeley Gold Medal for Greek* und erhält ein Stipendium zum Besuch des Magdalen College, Oxford.

1875 Erste Italien-Reise.
Beginnt mit der Veröffentlichung von Gedichten in verschiedenen Zeitschriften.

1877 Zweite Italien-Reise und Besuch Griechenlands.

1878 Gewinnt den Newdigate-Preis für sein Gedicht *Ravenna*.
Schließt seine Universitätsausbildung mit einem sehr guten Examen ab.

1880 Wildes erstes Bühnenstück *Vera; or, The Nihilists* erscheint.

1881 *Poems*.

1882 Ausgedehnte Vortragsreise durch die USA und Kanada.
Wilde trifft Walt Whitman (1819-1892).

1883 Längerer Aufenthalt in Paris. Dort trifft er Robert Harborough Sherard (1861-1943), einen seiner späteren Biographen, Edmond de Goncourt (1822-1896), Victor Hugo (1802-1885), Emile Zola (1840-1902), Paul Verlaine (1844-1896) und Alphonse Daudet (1840-1897).
Die Verstragödie *The Duchess of Padua* erscheint.

1884 Beginn einer ausgedehnten publizistischen Tätigkeit bei verschiedenen Zeitschriften.
Wilde heiratet Constance Lloyd.

1885 Die Familie Wilde bezieht eine Wohnung in der Tite Street 16, Chelsea, London.
Geburt des ersten Sohnes Cyril.

1886 Wilde trifft Robert Baldwin Ross (1869-1918), der später den literarischen Nachlaß des Dichters verwaltet und die erste Gesamtausgabe der Werke im Jahre 1908 betreut.

Geburt des zweiten Sohnes Vyvyan.

1887 Beginn der Tätigkeit als Herausgeber der Frauenzeitschrift *The Woman's World*.

Die Erzählung *The Canterville Ghost* erscheint.

Die Erzählung *Lady Alroy* erscheint. Sie wird später unter dem Titel *The Sphinx without a Secret. An etching* in der Sammlung *Lord Arthur Savile's Crime and Other Stories* (1891) nachgedruckt.

Die Erzählung *Lord Arthur Savile's Crime. A study of cheiromancy* erscheint. Sie wird mit dem veränderten Untertitel *A study of duty* in der Sammlung *Lord Arthur Savile's Crime and Other Stories* (1891) nachgedruckt.

Die Erzählung *The Model Millionaire* erscheint.

1888 Die Märchensammlung *The Happy Prince and Other Tales* erscheint.

Das Märchen *The Young King* erscheint. Es wurde später in die Sammlung *A House of Pomegranates* (1891) aufgenommen.

1889 Der Essay *Pen, Pencil and Poison. A study* erscheint. Er wurde mit dem veränderten Untertitel *A study in green* in der Essaysammlung *Intentions* (1891) nachgedruckt.

Der Essay *The Decay of Lying. A dialogue* erscheint. Nachgedruckt in *Intentions* (1891).

Das Märchen *The Birthday of the Little Princess* erscheint in französischer und englischer Sprache in *Paris*. Es wurde später unter dem Titel *The Birthday of the Infanta* in die Sammlung *A House of Pomegranates* (1891) aufgenommen.

Der Essay *The Portrait of Mr. W. H.* erscheint.

1890 Die Urfassung des Romans *The Picture of Dorian Gray* erscheint in *Lippincott's Monthly Magazine*.

Der Essay The Critic as Artist erscheint in zwei Teilen.

1891 Wilde lernt Lord Alfred Douglas kennen.

26. Januar: Erstaufführung von *The Duchess of Padua* unter dem Titel *Guido Ferranti* im Broadway Theatre, New York.

Der Essay *The Soul of Man under Socialism* erscheint.

Wilde trifft Stéphane Mallarmé (1842-1898).

Die erweiterte und endgültige Fassung des *Dorian Gray* erscheint in Buchform.

Die Essaysammlung *Intentions* erscheint.

Lord Arthur Savile's Crime and Other Stories.

Die Märchensammlung *A House of Pomegranates* erscheint.

Wilde trifft André Gide (1869-1951) in Paris. Dort schreibt er den Einakter *Salomé* in französischer Sprache.

1892 *20. Februar*: Erstaufführung von *Lady Windermere's Fan* im St. James's Theatre, London.

Salomé wird wegen seines biblischen Inhalts verboten.

1893 *22. Februar*: *Salomé* erscheint in Paris.

19. April: Erstaufführung von *A Woman of No Importance* im Haymarket Theatre, London.

1895 *3. Januar*: Erstaufführung von *An Ideal Husband* im Haymarket Theatre, London.

Mitte Januar–Anfang Februar: Wilde mit Lord Alfred Douglas in Algier.

27. Januar: Trifft André Gide in Biskra.

14. Februar: Erstaufführung von *The Importance of Being Earnest* im St. James's Theatre, London.

18. Februar: Der Marquess of Queensberry hinterläßt beim Portier des Albemarle Club, dem Wilde angehört, eine Karte mit dem Satz: »To Oscar Wilde posing as a somdomite« [sic].

1. März: Wilde erwirkt einen Haftbefehl gegen den Marquess of Queensberry.

3. April: Der Prozeß gegen Queensberry beginnt.

5. April: Der Prozeß endet mit dem Freispruch Queensberrys und der Verhaftung Wildes.

24. April: Wildes beweglicher Besitz in Tite Street 16 wird zwangsversteigert.

26. April: Der erste Prozeß gegen Wilde beginnt.

1. Mai: Das Gericht kann sich nicht auf einen Schuldspruch einigen. Das Verfahren wird vertagt.

20. Mai: Der zweite Prozeß gegen Wilde beginnt.

25. Mai: Wilde wird schuldig gesprochen und zu zwei Jahren Gefängnis mit Zwangsarbeit verurteilt.

20. November: Wilde wird ins Reading Gaol verlegt.

1896 *11. Februar*: Erstaufführung von *Salomé* in Paris.

1897 *Januar–März*: Wilde schreibt einen langen Brief an Lord Alfred Douglas. Robert Ross gab diesem Brief später den Titel *De Profundis*.

19. Mai: Entlassung aus der Haft. Er verläßt England noch am selben Tag und reist unter dem neu angenommenen Namen ›Sebastian Melmoth‹ nach Frankreich.

21. Juni: André Gide besucht Wilde in Berneval-sur-Mer.

August: Trifft Lord Alfred Douglas in Rouen.

1898 *The Ballad of Reading Gaol* erscheint unter dem Pseudonym C. 3.3 [Wildes Häftlingsnummer].

1899 *Februar*: *The Importance of Being Earnest* erscheint.

Juni: Die siebente Auflage der *Ballad of Reading Gaol* erscheint. Zum ersten Mal wird auf der Titelseite der Name des Autors genannt.

Juli: *An Ideal Husband* erscheint.

1900 *30. November*: Oscar Wilde stirbt an den Folgen einer Mittelohrentzündung im Hôtel d'Alsace in Paris.

AUSGEWÄHLTE BIBLIOGRAPHIE

I. Bibliographien und Forschungsberichte

Ian Fletcher and John Stokes, »Oscar Wilde«, in: *Anglo-Irish Literature. A review of research*, ed. Richard J. Finneran, New York 1976, pp. 48-137. Suppl. 1983. – Edward H. Mikhail, *Oscar Wilde. An annotated bibliography of criticism*, London 1978. – Norbert Kohl, »Oscar Wilde-Bibliographie«, in: *Oscar Wilde. Das literarische Werk zwischen Provokation und Anpassung*, Heidelberg 1980, pp. 521-686. – Markus Hänsel-Hohenhausen, *Die frühe deutschsprachige Oscar-Wilde-Rezeption (1893-1906). Bibliographie*, Egelsbach (bei Frankfurt/M.) 1990. – A. Thomas Mikolyzk, *Oscar Wilde. An annotated bibliography*, Westport (Conn.)/London 1993. – Ian Small, *Oscar Wilde Revalued. An essay on new materials & methods of research*, Greensboro (N. C.)/Gerrards Cross (Bucks.) 1993.

II. Werke Oscar Wildes

Works, ed. Robert Ross, 14 vols., London 1908. – Vol. 15: *For Love of the King*, London 1922 stellt eine Fälschung dar. Nachdruck u. d. T.: *The First Collected Edition of the Works of Oscar Wilde, 1908-1922*, 15 vols., London/New York 1969. Neuausgabe (mit Anmerkungen), ed. Anthony Fothergill, London/Rutland (Vt.) 1996. – *Plays, Prose-Writings and Poems*. Introd. by Isobel Murray, London/New York 1975 [1930]. – *Complete Works of Oscar Wilde*. With an introd. by Vyvyan Holland, London/Glasgow 1966 [1948] u. ö. Neue, rev. u. erw. Ausg.: Glasgow 1994. – *The Importance of Being Earnest. A trivial comedy for serious people, in four acts as originally written*, ed. Sarah A. Dickson, 2 vols., New York

1956. – *The Artist as Critic. Critical writings of Oscar Wilde*, ed. Richard Ellmann, New York 1968. – *Literary Criticism of Oscar Wilde*, ed. Stanley Weintraub, Lincoln (Nebr.) 1968. – *The Complete Shorter Fiction of Oscar Wilde*, ed. Isobel Murray, Oxford 1979. – *The Importance of Being Earnest. A trivial comedy for serious people*, ed. Russell Jackson, London/New York 1980, rev. 1992. – *Lady Windermere's Fan. A play about a good woman*, ed. Ian Small, London/New York 1980. – *The Annotated Oscar Wilde*, ed. H. Montgomery Hyde, London 1982. – *Two Society Comedies. A Woman of No Importance. An Ideal Husband*, ed. Ian Small and Russell Jackson, London/New York 1983. – *Oscar Wilde*, ed. Isobel Murray, Oxford/New York 1989. – *The Importance of Being Earnest. A trivial comedy for serious people*, ed. Manfred Pfister, Stuttgart 1990. – *Complete Short Fiction*, ed. Ian Small, London 1994. – *Lady Windermere's Fan, Salomé, A Woman of No Importance, An Ideal Husband, The Importance of Being Earnest*, ed. Peter Raby, Oxford/New York 1995. – *Oscar Wilde's »The Importance of Being Earnest«. A reconstructive critical edition of the text of the first production ...*, ed. Joseph Donohue and Ruth Berggren, Gerrards Cross 1995. – *Complete Poetry*, ed. Isobel Murray, Oxford/New York 1997.

III. Briefe und Lebenszeugnisse

The Letters of Oscar Wilde, ed. Rupert Hart-Davis, London 1962. – *Interviews and Recollections*, ed. Edward H. Mikhail, 2 vols., London 1979. – *Selected Letters*, ed. Rupert Hart-Davis, London 1979. – *More Letters of Oscar Wilde*, ed. Rupert Hart-Davis, London 1985. – *Oscar Wilde's Oxford Notebooks. A portrait of mind in the making*, ed. Philip E. Smith II and Michael S. Helfand, New York/Oxford 1989.

IV. Deutsche Übersetzungen

Sämtliche Werke in deutscher Sprache, 10 vols., Wien/Leipzig 1906-1908. – *Werke in zwölf Bänden*. Ausgabe des Wiener Verl. in Wien und Leipzig, Berlin 1918. – *Werke in zwei Bänden*, ed. Arnold Zweig, Berlin 1930. – *Werke in zwei Bänden*, ed. Rainer Gruenter, München 1970. – *Sämtliche Dramen*. Übertr. von Christine Hoeppener, Leipzig 1975. – *Das erzählerische Werk*. Übertr. von Franz Blei, Christine Hoeppener und Elfriede Mund, Leipzig 1976. – *Sämtliche Werke in zehn Bänden*, ed. Norbert Kohl, Frankfurt/M. 1982.

V. Biographien

Frank Harris, *Oscar Wilde. His life and confessions*, 2 vols., New York 1916. Neuausg. u.d.T.: Together with memories of Oscar Wilde by Bernard Shaw, 1918. 1925 erschien ein neues Vorw. von Frank Harris und Alfred Douglas als Separatdruck. Neuausg.: With a pref. by Bernard Shaw, London 1938. Repr. East Lansing (Mich.) 1959, repr. London 1965. Dt. v. Toni Noah u.d.T.: *Oscar Wilde. Eine Lebensbeichte*, Berlin 1923. – Hesketh Pearson, *The Life of Oscar Wilde*, London 1946. Rev. ed., 1954 u.ö. – H. Montgomery Hyde, *Oscar Wilde. The aftermath*, London 1963. Dt. von Dominika van Maydell u.d.T.: *Oscar Wilde, Häftling C.3.3*, Heidelberg 1964. – H. Montgomery Hyde, *Oscar Wilde. A biography*, London 1976. – *Oscar Wilde. Leben und Werk in Daten und Bildern*, ed. Norbert Kohl, Frankfurt/M. 1976. – Richard Ellmann, *Oscar Wilde*, London 1987. Dt. v. Hans Wolf u.d.T.: *Oscar Wilde*, München/Zürich 1991. Pbk.-Ausg.: München/Zürich 1997.

VI. Sekundärliteratur

1. Monographien

Edouard Roditi, *Oscar Wilde*, Norfolk (Conn.) 1947. Dt. u. d. T.: *Oscar Wilde. Dichter und Dandy*, München 1947. – Robert Merle, *Oscar Wilde*, Paris 1948. Überarb. Nachdr.: Paris 1984. – George Woodcock, *The Paradox of Oscar Wilde*, New York 1949. – Robert Merle, *Oscar Wilde*, Paris 1957. – Epifanio San Juan, Jr., *The Art of Oscar Wilde*, Princeton (N. J.) 1967. – Peter Funke, *Oscar Wilde in Selbstzeugnissen und Bilddokumenten*, Reinbek b. Hamburg 1969, [15]1995. – Christopher S. Nassaar, *Into the Demon Universe. A literary exploration of Oscar Wilde*, New Haven/London 1974. – Rodney Shewan, *Oscar Wilde. Art and egotism*, London 1977. – Philip K. Cohen, *The Moral Vision of Oscar Wilde*, London 1978. – John Stokes, *Oscar Wilde*, London 1978. – Norbert Kohl, *Oscar Wilde. Das literarische Werk zwischen Provokation und Anpassung*, Heidelberg 1980. Engl. Übers. v. David Henry Wilson u. d. T.: *Oscar Wilde. The works of a conformist rebel*, Cambridge 1989. – Regenia Gagnier, *Idylls of the Marketplace. Oscar Wilde and the Victorian public*, Stanford (Cal.) 1986. – Peter Raby, *Oscar Wilde*, Cambridge 1988. – Michael P. Gillespie, *Oscar Wilde. Life, work, and criticism*, Fredericton (N. B.) 1990. – Patricia F. Behrendt, *Oscar Wilde. Eros and aesthetics*, London 1991. – Michael P. Gillespie, *Oscar Wilde and the Poetics of Ambiguity*, Gainesville 1996.

2. Die Dramen

Arthur F. Ganz, »The Divided Self in the Society Comedies of Oscar Wilde«, *Modern Drama* 3, 1960, pp. 16-23. – Ian Gregor, »Comedy and Oscar Wilde«, *Sewanee Review* 74, 1966, pp. 501-521. – Rainer Gocke, *Dramenfiguren zwischen Paradoxie und Pathos. Ein Versuch über Oscar Wildes Gesellschaftskomödien*, Diss., Münster (Westf.) 1973. – Alan Bird, *The Plays of Oscar Wilde*, London 1977. – Regenia Gagnier, »Stages of Desire. Oscar

Wilde's comedies and the consumer«, *Genre* 15, 1982, pp. 315-336. – Oscar Wilde, *Comedies. »Lady Windermere's Fan«, »A Woman of No Importance«, »An Ideal Husband«, »The Importance of Being Earnest«. A casebook*, ed. William Tydeman, London 1982. – Katharine Worth, *Oscar Wilde*, London 1983. – Kerry Powell, *Oscar Wilde and the Theatre of the 1890s*, Cambridge 1990. – Joel H. Kaplan and Sheila Stowell, *Theatre and Fashion. Oscar Wilde to the suffragettes*, Cambridge 1994. – Sos Eltis, *Revising Wilde. Society and subversion in the plays of Oscar Wilde*, Oxford 1996. – Richard A. Cave, »Wilde's Plays. Some lines of influence«, in: *The Cambridge Companion to Oscar Wilde*, ed. Peter Raby, Cambridge 1997, pp. 219-248. – Peter Raby, »Wilde's Comedies of Society«, in: *The Cambridge Companion to Oscar Wilde*, ed. Peter Raby, Cambridge 1997, pp. 143-160.

3. The Importance of Being Earnest (Bunbury)

Eric Bentley, *The Playwright as Thinker*, New York 1967 [1946], pp. 140-145. – Richard Foster, »Wilde as Parodist. A second look at *The Importance of Being Earnest*«, *College English* 18, 1956, pp. 18-23. – Otto Reinert, »Satiric Strategy in *The Importance of Being Earnest*«, *College English* 18, 1956, pp. 14-18. – Arthur Ganz, »The Meaning of *The Importance of Being Earnest*«, *Modern Drama* 6, 1963, pp. 42-52. – Harold E. Toliver, »Wilde and the Importance of ›Sincere and Studied Triviality‹«, *Modern Drama* 5, 1963, pp. 389-399. – Franz Zaic, »Oscar Wilde, *The Importance of Being Earnest*«, in: *Das moderne englische Drama. Interpretationen*, ed. Horst Oppel. Berlin 1963, pp. 44-61. – Robert J. Jordan, »Satire and Fantasy in Wilde's *The Inportance of Being Earnest*«, *Ariel* 1, 1970, pp. 101-109. – James M. Ware, »Algernon's Appetite. Oscar Wilde's hero as Restoration dandy«, *English Literature in Transition (1880-1920)* 13, 1970, pp. 17-26. – Joseph W. Donohue, Jr., »The First Production of *The Importance of Being Earnest*. A proposal for a reconstructive study«, in: *Essays on Nineteenth Century British Theatre*, ed. Kenneth Richards and

Peter Thomson, London 1971, pp. 125-143. – David Parker, »Oscar Wilde's Great Farce *The Importance of Being Earnest*«, *Modern Language Quarterly* 35, 1974, pp. 173-186. – Dennis Spininger, »Profiles and Principles. The sense of the absurd in *The Importance of Being Earnest*«, *Papers on Language and Literature* 12, 1976, pp. 49-72. – Geoffrey Stone, »Serious Bunburyism. The logic of *The Importance of Being Earnest*«, *Essays in Criticism* 26, 1976, pp. 28-41. – William Green, »Oscar Wilde and the Bunburys«, *Modern Drama* 21, 1978, pp. 67-80. – Adolf Barth, »Oscar Wilde's ›Comic Refusal‹. A reassessment of *The Importance of Being Earnest*«, *Archiv* 131 (vol. 216), 1979, pp. 120-128. – Joel Fineman, »The Significance of Literature: *The Importance of Being Earnest*«, *October* 15, 1980, pp. 77-90. – Russell Jackson, »Introduction«, in*: The Importance of Being Earnest. A trivial comedy for serious people*, ed. Russell Jackson, London/New York 1980, pp. xi-xlv. – Camille Paglia, »Oscar Wilde and the English Epicene«, *Raritan* 4:3, 1985, pp. 85-109. – Antony Easthope, »Jokes and Ideology. ›The Frogs‹ and ›Earnest‹«, *New Comparison* 3, 1987, pp. 117-132. – *Oscar Wilde's »The Importance of Being Earnest«*, ed. Harold Bloom, New York 1988. – Walter Poznar, »Life and Play in Wilde's *The Importance of Being Earnest*«, *Midwest Quarterly* 30, 1989, pp. 515-528. – Christopher Craft, »Alias Bunbury. Desire and termination in *The Importance of Being Earnest*«, *Representations* 31, 1990, pp. 19-46. – Ed Cohen, »Laughing in Earnest. The trying context of Wilde's trivial comedy«, *Literature, Interpretation, Theory* 3, 1991, pp. 57-64. – Kerry Powell, »Algernon's Other Brothers«, in: *Critical Essays on Oscar Wilde*, ed. Regenia Gagnier, New York 1991, pp. 138-154. – Michael P. Gillespie, »From Beau Brummell to Lady Bracknell. Reviewing the dandy in *The Importance of Being Earnest*«, *Victorians Institute Journal* 21, 1993, pp. 119-142. – Peter Raby, »The Origins of *The Importance of Being Earnest*«, *Modern Drama* 37, 1994, pp. 139-147. – Peter Raby, »*The Importance of Being Earnest*. A reader's companion*, New York 1995. – Eve Kosofsky Sedgwick, »Tales of the Avunculate. Queer tutelage in *The Importance of Being Earnest*«, in: *Professions of Desire. Lesbian and gay studies in literature*, ed. George E. Haggerty and Bonnie Zimmerman, New York 1995, pp. 191-209. – Rainer Kohlmayer, *Oscar Wilde in Deutschland und Österreich. Untersuchungen zur Rezeption der Komödien und zur Theorie der Bühnenübersetzung*, Tübingen 1996.

ABBILDUNGSNACHWEIS

EDITORISCHE NOTIZ

insel taschenbuch 2235: Oscar Wilde, Bunbury oder: Wie wichtig
es ist, ernst zu sein. Der vorliegende Text folgt der Ausgabe: Oscar
Wilde, *Sämtliche Werke*. Band 3: *Theaterstücke I* in der Übersetzung von Christine Hoeppener. © Insel Verlag Frankfurt am Main
1982.

Die Übersetzung wurde vom Herausgeber durchgesehen und
der endgültigen dreiaktigen Fassung des Stückes angepaßt. Die
Textgrundlage der Revision bildete folgende Ausgabe: Oscar
Wilde, *Plays, Prose Writings, and Poems*. Introduction by Hesketh
Pearson, London/New York 1967 [1930].

Die Stimmen zum Werk wurden von Angelika Beck aus dem
Englischen übertragen.

Oscar Wilde
im Insel Verlag

NF 5/1/6.02

Das Gespenst von Canterville. Erzählung. Mit Illustrationen von Oski. Übersetzt von Franz Blei. it 344. 89 Seiten

Der glückliche Prinz und andere Märchen. Übersetzt von Franz Blei. Mit Illustrationen von Michael Schroeder und einem Nachwort von Norbert Kohl. it 1256. 90 Seiten

Der glückliche Prinz und andere Märchen. Mit Illustrationen von Heinrich Vogeler. Übertragung von Franz Blei. IB 413. 72 Seiten

Das Granatapfelhaus. Übersetzt von Felix Paul Greve. Titelzeichnung, Zeichnungen, Initialen und Vignetten von Heinrich Vogeler. Jubiläums-Edition Band 7. Limitierte Auflage in 1000 Exemplaren. 112 Seiten. Gebunden

Lord Arthur Saviles Verbrechen. Und andere Geschichten. Übersetzt von Christine Hoeppener. Mit Illustrationen von Michael Schroeder. it 1151. 135 Seiten

Märchen und Erzählungen. Übersetzt von Franz Blei und Christine Hoeppener. Mit einem Nachwort von Norbert Kohl. Gebundene Sonderausgabe. it 2815. 300 Seiten

Salome. Tragödie in einem Akt. Übertragen von Hedwig Lachmann. Mit den Zeichnungen von Aubrey Beardsley. IB 247. 78 Seiten

Salome. Tragödie in einem Akt. Übersetzt von Hedwig Lachmann. Doppeltitel und zehn Zeichnungen von Marcus Behmer. Jubiläums-Edition Band 4. Limitierte Auflage in 1000 Exemplaren. 80 Seiten. Pappband im Schuber

Salome. Dramen, Schriften, Aphorismen und Die Ballade vom Zuchthaus zu Reading. Mit Illustrationen von Marcus Behmer. it 107. 250 Seiten

Die schönsten Märchen. Übersetzt von Franz Blei und Christine Hoeppener. Großdruck. it 2355. 167 Seiten

Über Oscar Wilde

Norbert Kohl. Oscar Wilde. Leben und Werk. Mit zahlreichen Abbildungen. 344 Seiten. Gebunden

Oscar Wilde im Spiegel des Jahrhunderts. Herausgegeben von Norbert Kohl. it 2639. 288 Seiten

Englische und amerikanische Literatur
im insel taschenbuch
Eine Auswahl

Kate Chopin
- Das Erwachen. Roman. Übersetzt von Ingrid Rein.
  it 2149. 222 Seiten

Daniel Defoe
- Glück und Unglück der berühmten Moll Flanders. Übersetzt von Martha Erler. Mit Illustrationen von William Hogarth und einem Essay von Norbert Kohl. it 707. 440 Seiten
- Robinson Crusoe. Übersetzt von Hannelore Novak. Mit Illustrationen von Ludwig Richter. it 41. 404 Seiten

Charles Dickens
- Bleak House. Übersetzt von Richard Zoozmann. Mit Illustrationen von Phiz. it 1110. 1031 Seiten
- David Copperfield. Mit Illustrationen von Phiz.
  it 468. 1245 Seiten
- Eine Geschichte aus zwei Städten. Mit Illustrationen von Phiz. it 1033. 506 Seiten
- Nikolaus Nickleby. Mit Illustrationen von Phiz.
  it 1304. 1022 Seiten
- Oliver Twist. Übersetzt von Reinhard Kilbel. Mit einem Nachwort von Rudolf Marx und Illustrationen von George Cruikshank. it 242. 607 Seiten
- Die Pickwickier. Mit Illustrationen von Robert Seymour, William Buss und Phiz. it 896. 1006 Seiten

D. H. Lawrence
- Liebesgeschichten. Übersetzt von Heide Steiner.
  it 1678. 308 Seiten

Katherine Mansfield
- Eine indiskrete Reise. Erzählungen. Ausgewählt von Franz-Friedrich Hackel. Übersetzt von Heide Steiner. Großdruck.
  it 2364. 214 Seiten

- Das Gartenfest und andere Erzählungen. Übersetzt von
  Heide Steiner. it 1724. 232 Seiten
- Reise in den Sommer. Erzählungen und Briefe. Großdruck.
  it 2388. 120 Seiten
- Über die Liebe. it 1703. 110 Seiten

Herman Melville
- Moby Dick. Übersetzt von Alice und Hans Seifert. Mit
  einem Nachwort von Rudolf Sühnel. it 233. 781 Seiten

Edgar Allan Poe
- Sämtliche Erzählungen. Herausgegeben von Günter
  Gentsch. Vier Bände in Kassette. it 1528-1531. 1568 Seiten
- Grube und Pendel. Schaurige Erzählungen. Übersetzt von
  Erika Gröger und Heide Steiner. it 2351. 188 Seiten
- Der Untergang des Hauses Usher. Meistererzählungen.
  Übersetzt von Babara Cramer-Nauhaus, Erika Gröger und
  Heide Steiner. it 1373. 182 Seiten

William Shakespeare
- Hamlet. Prinz von Dänemark. Übersetzt von August Wil-
  helm Schlegel. Mit Illustrationen von Eugène Delacroix.
  Herausgegeben und mit einem Essay versehen von Norbert
  Kohl. it 364. 270 Seiten
- Romeo und Julia. Übersetzt von Thomas Brasch.
  it 1383. 151 Seiten
- Die Sonette des William Shakespeare. Englisch und
  deutsch. Übersetzt von Wolfgang Kaußen. Mit einem
  Nachwort von Friedrich Apel. it 2228. 335 Seiten
- Die Tragödie des Macbeth. Übersetzt von Thomas Brasch.
  it 1440. 112 Seiten
- Was ihr wollt. Übersetzt von Thomas Brasch.
  it 1205. 132 Seiten
- Wie es euch gefällt. Übersetzt und bearbeitet von Thomas
  Brasch. it 1509. 121 Seiten

Mary Shelley
- Frankenstein oder Der moderne Prometheus. Übersetzt von Karl Bruno Leder und Gerd Leetz. Mit einem Essay und einer Bibliographie von Norbert Kohl.
  it 1030. 373 Seiten

Mark Twain
- Mark Twains Abenteuer. Herausgegeben von Norbert Kohl. Fünf Bände in Kassette. it 1891-1895. 2496 Seiten
- Huckleberry Finns Abenteuer. Übersetzt von Barbara Cramer-Nauhaus. Mit Illustrationen der Erstausgabe von Edward W. Kembe. it 1892. 413 Seiten
- Reisen um das Mittelmeer. Vergnügliche Geschichten. it 1799. 215 Seiten

Literatur der Moderne
im insel taschenbuch
Eine Auswahl

Max Frisch
- Homo faber. Ein Bericht. Großdruck. it 2344. 298 Seiten
- Skizze eines Unglücks. Erzählungen aus dem Tagebuch
  1966-1971. Großdruck. it 2391. 101 Seiten

Hermann Hesse
- Die Antwort bist Du selbst. Briefe an junge Menschen.
  Herausgegeben von Volker Michels. it 2583. 421 Seiten
- Bäume. Betrachtungen und Gedichte mit Fotografien.
  Zusammenstellung der Texte von Volker Michels.
  it 455. 140 Seiten
- Eigensinn macht Spaß. Individuation und Anpassung.
  Ein Lesebuch. Zusammengestellt von Volker Michels.
  it 2373. 275 Seiten
- Farbe ist Leben. Eine Auswahl seiner schönsten Aquarelle.
  Vorgestellt von Volker Michels. it 1810. 173 Seiten
- Franz von Assisi. Mit Fresken von Giotto und einem Essay
  von Fritz Wagner. it 1069. 128 Seiten
- Freude am Garten. Betrachtungen, Gedichte und Fotogra-
  fien. Mit farbigen Abbildungen des Dichters.
  it 1329. 234 Seiten
- Gedichte des Malers. Zehn Gedichte mit farbigen Zeich-
  nungen. it 893. 29 Seiten
- Jedem Anfang wohnt ein Zauber inne. Lebensstufen.
  Ein Lesebuch. Zusammengestellt von Volker Michels.
  it 2357. 281 Seiten
- Kurgast. Großdruck. it 2386. 240 Seiten
- Lebenszeiten. Ein Brevier, ediert von Siegfried Unseld.
  Mit Abbildungen und Dokumenten. Großdruck.
  it 2343. 290 Seiten

NF 25/1/8.00

NF 25/2/8.00

- Gedichte aus den späten Jahren. Herausgegeben von Franz-Heinrich Hackel. it 1178. 139 Seiten
- »Und ist ein Fest geworden«. 33 Gedichte mit Interpretationen. Herausgegeben von Marcel Reich-Ranicki. it 2611. 155 Seiten
- Geschichten vom lieben Gott. Mit Illustrationen von E. R. Weiß. it 43. 109 Seiten
- Die Letzten. Im Gespräch. Der Liebende. it 935. 76 Seiten
- Die Erzählungen. it 1717. 434 Seiten
- Worpswede. Fritz Mackensen. Otto Modersohn. Fritz Overbeck. Hans am Ende. Heinrich Vogeler. Mit zahlreichen Abbildungen und Farbtafeln im Text. it 1011. 236 Seiten
- Auguste Rodin. Mit sechsundneunzig Abbildungen. it 766. 143 Seiten
- Briefe über Cézanne. Herausgegeben von Clara Rilke. Besorgt und mit einem Nachwort versehen von Heinrich Wiegand Petzet. Mit siebzehn farbigen Abbildungen. it 672. 140 Seiten
- Über moderne Malerei. Herausgegeben von Martina Krießbach-Thomasberger. Mit zahlreichen farbigen Abbildungen. it 2546. 182 Seiten
- Das Florenzer Tagebuch. Herausgegeben von Ruth Sieber-Rilke und Carl Sieber. it 1597. 116 Seiten
- Die Liebenden. Die Liebe der Magdalena. Portugiesische Briefe. Die Sonette der Louïze Labé. Großdruck. it 2366. 126 Seiten
- Reise nach Ägypten. Briefe, Gedichte, Notizen. Herausgegeben von Horst Nalewski. it 2699. 120 Seiten

Rainer Maria Rilke/Lou Andreas-Salomé. Briefwechsel. Erweiterte Ausgabe. it 1217. 647 Seiten

Mit Rilke durch die Provence. Herausgegeben von Irina Frowen. Mit farbigen Fotografien von Constantin Beyer. it 2148. 126 Seiten

Rilke für Gestreßte. Ausgewählt von Vera Hauschild. it 2191. 100 Seiten

Hertha Koenig. ›Erinnerungen an Rainer Maria Rilke‹ und ›Rilkes Mutter‹. Mit Abbildungen. Herausgegeben von Joachim W. Storck. it 2607. 140 Seiten